Organizadoras

Dayse Stoklos Malucelli • Rosangela Vernizi

1

PSICANALISTAS DO SÉCULO XX

Lou Andreas-Salomé
por Rosangela Vernizi

Durval Marcondes
por Dayse Stoklos Malucelli

Maud Mannoni
por Leda Mariza Fischer Bernardino

Jean Oury
por Carlos Parada

Félix Guattari
por Christian Ingo Lenz Dunker e Pedro Paulo Rocha

Oscar Masotta
por Oscar Cesarotto

Claude Olievenstein
por Carlos Parada

Pierre Fédida
por Maria Virgínia Filomena Cremasco

Jacques Lacan
por Alfredo Jerusalinsky

Revisão Fernanda Zacharewicz
Capa Rubens Lima
Diagramação Sonia Peticov

Primeira edição: outubro de 2019

Dados Internacionais de Catalogação na Publicação (CIP)

Ficha catalográfica elaborada por Angélica Ilacqua CRB-8/7057

P969

Psicanalistas do século XX: volume 1 / organizadoras Dayse Stoklos Malucelli, Rosangela Vernizi. — São Paulo: Aller, 2019.
208 p.

ISBN: 978-85-94347-25-1

1. Psicanálise 2. Psicanalistas I. Malucelli, Dayse Stoklos II. Vernizi, Rosangela

19-2150 CDD – 150.195
CDU 159.964.2

Índice para catálogo sistemático
1. Psicanálise

Av. Angélica, 1814 – Conjunto 702
01228-200 São Paulo S.P.
Tel: (11) 93015.0106
contato@allereditora.com.br
Facebook: Aller Editora

SUMÁRIO

NOTA DAS ORGANIZADORAS

Estabelecemos a estrutura deste projeto a partir de um livro que lançamos em 2016 intitulado *Os psiquiatras do século XIX: suas contribuições na clínica psicanalítica da atualidade*[1], em que reunimos artigos de um grupo de estudos em que trabalhávamos psiquiatras do século XIX, tais como: Jules Cotard, De Clérambault, Kraepelin, entre outros.

O livro teve uma importante aceitação no meio psicanalítico, principalmente por ter sido utilizado em diversos grupos de estudos de psicanálise e psiquiatria, de analistas em formação, de estudantes de pós-graduação etc.

O presente livro segue com a mesma proposta do livro publicado em 2016, porém renovada, pois a ideia é cada autor/pesquisador trabalhar um psicanalista do século XX que, tanto com a experiência clínica quanto com os estudos filosóficos, literários, etc., contribuiu à constituição do pensamento e da clínica psicanalítica, e, por extensão, ao discurso social.

---

[1]MALUCELLI, D.; VERNIZI, R. N. *Os psiquiatras do século XIX: suas contribuições na clínica psicanalítica da atualidade*. Curitiba: Editora CRV, 2016.

Assim, este projeto visa não somente retomar as contribuições destes intelectuais à psicanálise, mas também propor um diálogo entre esses e os analistas que hoje pensam o sofrimento psíquico, o estudo e a transmissão da psicanálise.

PREFÁCIO

••• Ricardo Goldenberg

Este livro que enquanto escrevo ainda não tem nome, organizado por Dayse Malucelli e Rosangela Vernizi, e que me foi solicitado prologar, poderia chamar-se (seguramente não há de se chamar assim, mas mereceria) "Exercícios de Admiração". Há tão pouco disso ultimamente que cabe saudar esta iniciativa e esperar que seja uma semente para inspirar outros trabalhos desta índole.

Os admirados são, em ordem de aparição: Lou Andreas-Salomé (1861, São Petersburgo/1937, Göttingen), Durval Marcondes (1899, São Paulo/1981, São Paulo), Maud Mannoni (1923, Courtrai/1998, Paris), Jean Oury (1924, La Garne-Colombe/2014, Cour-Cheverny), Oscar Masotta (1930, Buenos Aires/1979, Barcelona), Felix Guattari (1930, Villeneuve Les Sablons/1992, Cour-Cheverny), Claude Olievenstein (1933, Berlin/2008, Paris) e Pierre Fédida (1934, Lyon/2002, Paris).

E os admiradores, também por ordem de chegada, Rosangela Vernizi, Dayse Malucelli, Leda Mariza Fischer Bernardino, Carlos Parada, Oscar Cesarotto, Christian Ingo Lenz Dunker e Pedro Rocha, Carlos Parada (mais uma vez) e Maria Virginia Filomena Cremasco.

Um lugar à parte nesta antologia cabe ao argentino Alfredo Jerusalinsky, a quem encontramos – *last but not least* – no apêndice, a pretexto de resenhar a obra de Jacques Lacan (1901, Paris/1981, Paris), falando do seu modo de entender a psicanálise e de ser psicanalista no Brasil, local em que mora há mais de 40 anos. Se a minha conjectura for correta, ele terá sido inadvertidamente o único psicanalista do século XX *vivo* de quem se fala (ainda que de modo indireto, como convém) neste livro.

Os estilos dos artigos não podem ser mais díspares, o que não é o menor dos méritos desta compilação. O da Lou – como a autora chama a sua retratada, com essa familiaridade tão brasileira que, apesar dos anos passados no Brasil, ainda sobressalta meus hábitos *porteños* – mostra-nos o retrato da mais charmosa e sofisticada das primeiras psicanalistas, mulher do século XIX, portanto, invocada a este panteão para celebrar dois encontros: o dela com Freud e o da autora com ela. Mais de uma das nossas contemporâneas faria bem em mirar-se neste modo de ser psicanalista e de ser mulher. Eis o desígnio da sua retratista – uma das organizadoras da compilação – ao colocar esta mulher fora de série, abrindo a série de "Psicanalistas do século XX".

Segue, então, o trabalho da segunda organizadora deste livro, resgatando a memória do esquecido pai da psicanálise no Brasil (senão na américa latina), Durval Marcondes. Notável pioneiro a introduzir o freudismo por estas praias em perfeita sincronia com o modernismo brasileiro, "A humanidade", segundo disse em 1979 na Sociedade Brasileira de Psicanálise de São Paulo, que comemorava seu 80º aniversário, "ainda não entrou por completo na era freudiana da cultura". Quarenta anos passados, suspeito que continuamos mais "pré-freudianos" do que nunca.

De Maud Mannoni foi traçado um perfil carinhoso por Leda Bernardino, que a conheceu em Bonneuil (ela reaparecerá mais adiante, na evocação que Oscar Cesarotto faz da sua visita, junto com Octave – seu marido –, à *Escuela Freudiana de Buenos Aires*, em 1972). Assim como Vernizi com Andreas-Salomé e Malucelli com Marcondes, Bernardino destaca a coragem e a ousadia de Manonni.

Coragem e ousadia, aliás, são os adjetivos mais frequentemente usados nestes elogios saudosos aos nossos queridos mortos. Mestres, para uns; heróis, para outros (é o caso de Masotta para Cesarotto, e em grau superlativo, o de Guattari para Dunker e Rocha). A coragem e a ousadia, em geral, referem-se aos modos de enfrentar e tratar as psicoses e os preconceitos da época. E o adjetivo "original", não menos profuso, vem qualificar ora a teoria, ora a prática, quando não a vida, mostrada como modelo (é o caso de Andreas-Salomé e, novamente em grau superlativo, o de Guattari).

O elogio a Jean Oury, além de resenhar seu notável percurso, traz uma justa lembrança de outros dois personagens da sua história: o catalão – e trotskista comunista republicano – Fransesc[1] Tosquelles e a Clínica La Borde (que será reencontrada no artigo sobre Guattari). Não posso deixar de citar a penúltima oração deste capítulo:

> Por isso, Oury repetia que uma das questões fundamentais a cultivar quando se trata de loucos é a seguinte: "Mas o que é que eu estou fazendo aqui?"

---

[1]E não François, como diz no texto. Talvez ele não se importasse, depois de tantos anos vividos como refugiado do franquismo na França, mas os *catalans* detestam ser tomados por franceses.

O encômio de Masotta feito por Cesarotto me fez lembrar esta lição de Oury. Eu tinha sido admitido como membro da *Escuela Freudiana de Buenos Aires*, fundada pelo encomiado, pouco antes da sua cisão. Meu analista ficou de um lado; meu supervisor, do outro. No dia anterior, eram amigos. No dia seguinte, um reivindicava a fidelidade ao mestre "no ato de desobedecê-lo" (sic), enquanto o outro chamava o primeiro de "traidor".

O elogio de Guattari é também um capítulo à parte, mas em outro sentido que o de Jerusalinsky; isto é, é como um misto de ensaio sobre a obra do outro com mimese do seu comportamento. Escrito a quatro mãos, os coautores anunciam de saída quem é quem no texto e decidem: um, falar sobre este filósofo, terapeuta e ativista político, o outro, mostrar como Guattari teria escrito caso fosse brasileiro. Para mim, leitor, foi como assistir uma peça dirigida por Antunes Filho nos primeiros minutos e por Zé Celso nas horas restantes. Em todo caso, saímos da experiência sabendo do que se trata na "esquizo-análise".

O retorno de Carlos Parada, para falar de Olievenstein, autor de *"Não existem drogados felizes"* e do centro de atendimento Marmottan, devolve-nos a águas mais calmas, em matéria de leitura. Trata-se aqui, lemos, de "um homem livre, que amava os homens livres".

O elogio a Fédida encerra as homenagens aos "Mestres Mortos". O ensaio de Maria Virginia Cremasco esclarece o significado da invenção *fedideana*, a "Psicopatologia Fundamental", e mostra o quanto sua obra deve a outro grande da primeira geração: Sandor Ferenczi (1873, Miscolc/1933, Budapeste); e, além disso, o quanto a Psicopatologia Fundamental se confunde no Brasil, desde 1995, com o introdutor do pensamento de Fédida por aqui: Manoel Berlinck (1937/2016, São Paulo).

Enfim, o *post-scriptum* de Alfredo Jerusalinsky, que conclui o livro, parece-me, como disse, um gesto de carinho e reconhecimento das organizadoras desta coletânea a um mestre vivo. Está dedicado aos "conceitos cuja leitura em Lacan provocou em nós uma torção definitiva no modo de intervir na nossa clínica." Mais adiante, convida o leitor a segui-lo, "segundo a confiabilidade que venha a nós atribuir", menos na exegese do aparelho conceitual lacaniano a que parece dedicar-se que nas suas próprias considerações sobre o que analisar significa para ele.

Vale concluir este prólogo com algo que Jerusalinsky diz sobre os lacaneanos, mas que nos serve a todos:

> Os psicanalistas não cessam de se confrontar em aguerridas disputas acerca do que Lacan quis dizer. Curioso sintoma da demanda de que o morto se identifique conosco. [...] O modo mais obscuro de interrogar um texto é se perguntar o que o seu autor quis dizer. E se por acréscimo ele estiver morto, tal insistência não pode ter outro destino senão o de um sintoma necrófilo consistente em escarvar entre letra e letra o que o morto levou consigo escondido [... no] seu cadáver.

Brindemos então pela felicidade de nossos mestres terem estado entre nós e pelos seus ensinamentos. E depois, despeçamo-nos deles, de modo a não precisarmos ficar carregando seus cadáveres pela vida. É a lição deste livro.

São Paulo, julho de 2019

O mais belo dos ofícios: **Lou Andreas-Salomé** e a psicanálise

••• Rosangela Vernizi

> A propósito do mais belo dos ofícios, eis aqui a sua palavra de médico: "O doente tem sempre razão! A doença não deve ser para ele objeto de menosprezo, mas, ao contrário, um adversário respeitável, uma parte de seu ser que tem boas razões para existir e que lhe deve permitir tirar ensinamentos preciosos para o futuro."[1]

Há muitos trabalhos sobre Lou Andreas-Salomé, sobretudo versando sobre seus amores e, por conseguinte, sobre a influência que exerceu nas obras e vidas de seus amantes. Lou era considerada uma mulher à frente de seu tempo, nunca se preocupou em esconder seus casos amorosos, mas tinha, principalmente, um intenso desejo

[1]ANDREAS-SALOMÉ, L. (1931) *Carta aberta a Freud*. São Paulo: Editora Princípio, s/d, p. 9. Lou Salomé escreveu essa obra como homenagem aos 75 anos de Freud.

de que essas relações pudessem ser aliadas a uma produção, sobretudo uma produção intelectual. Foi assim com Nietzsche, a relação com ele a leva a escrever *Friedrich Nietzsche in seinen Werken*"[2] e com Rilke que além de publicar a obra *Rainer Maria Rilke: Buch des Gedenkens*[3], dedica a ele dois capítulos em sua autobiografia *Lebensrückblick*[4]. Lou foi uma escritora sensível, talentosa e com uma habilidade bem peculiar em tratar questões femininas que, na época, eram consideradas tabu. Sua obra *Die Erotik*[5] foi muito bem aceita e elogiada. Também escreveu diversos romances e artigos.

Com Freud, Lou estabeleceu uma relação que, sem dúvida, teve uma influência não somente como um projeto intelectual e de comprometimento profissional, mas, mais ainda, como um laço afetivo de importância crucial de alegria e gosto pela vida, gosto esse que iluminou e alimentou a existência e a produção de ambos. No 75º aniversário de Freud, Lou decidiu escrever um livro para expressar a gratidão e também para pontuar alguns desacordos que marcaram as tantas conversas e correspondências trocadas entre eles por mais de vinte e cinco anos. Freud gostou e sentiu-se

---

[2]Publicado no Brasil como: ANDREAS-SALOMÉ, L. (1894) *Nietzsche em suas obras*. São Paulo: Editora Brasiliense, 1992.

[3]ANDREAS-SALOMÉ, L. (1928) *Rainer Maria Rilke: Buch des Gedenkens*. Berlim: Henricus, 2019. Sem tradução em língua portuguesa.

[4]ANDREAS-SALOMÉ, L. (1951) *Lebensrückblick*. Frankfurt: Severus Verlag, 2017. Publicado no Brasil como: ANDREAS-SALOMÉ, L. (1951) *Minha vida*. São Paulo: Brasiliense, 1985. Esgotada. Publicado em Portugal como: ANDREAS-SALOMÉ, L. (1951) *Um olhar para trás*. Lisboa: Relógio D'Água, 1987. Esgotada.

[5]ANDREAS-SALOMÉ, L. (1910) *Die Erotik*. Berlim: Edition Holzingeer. Taschenbuch, 2016. Publicado em Portugal como: ANDREAS-SALOMÉ, L. (1910) *Eros*. Lisboa: Relógio D'Água, 1990. Esgotada.

lisonjeado com a publicação, mas em tom professoral, tentou que ela mudasse o nome da obra:

> O título extremamente pessoal deve ser abandonado, o trabalho como um todo deve ser acessível a outros. Até onde cheguei, gostei muito. Pela primeira vez, fui surpreendido por algo finamente feminino em sua abordagem intelectual. Quando, em minha irritação contra as eternas ambivalências, estou pronto a deixar tudo desordenado, você arruma tudo, põe tudo em ordem e demonstra que desta forma também é possível sentir-se à vontade.[6]

Freud gostaria que no título, ao invés de seu nome, constasse "psicanálise". Lou responde apenas: "[...] quanto ao manuscrito, acrescentarei apenas que o título deve permanecer, pois em certa medida ele compreende todo o trabalho[7]. [...], ou seja, 'Freud' não deve ser substituído por 'Psicanálise'"[8]. E assim, lança seu *Mein Dank an Freud*[9] em 1931. Além de "Mein Dank an Freud", há minuciosos relatos desse profícuo momento de constituição e construção

[6]FREUD, S.; ANDREAS-SALOMÉ, L. *Freud – Lou Andreas-Salomé. Correspondência Completa.* Rio de Janeiro: Imago, 1975, p. 251 – traduzida da edição publicada nos Estados Unidos, em 1972, carta de 9 de maio de 1931.

[7]*Ibid.*, p. 252, carta de pouco depois de 9 de maio de 1931. Há várias cartas com datas imprecisas. O organizador, Ernest Pfeiffer, determinou uma data aproximada a cada uma delas.

[8]*Ibid.*, p. 255 – carta de meados de julho de 1931.

[9]ANDREAS-SALOMÉ, L. (1931) *Mein Dank an Freud.* Berlim: Edition Holzinger. Taschenbuch, 2017. Publicado no Brasil como: ANDREAS-SALOMÉ, L. *Carta aberta a Freud.* São Paulo: Editora Princípio, s/d. Esgotada. e ANDREAS-SALOMÉ, L. (1931) *Carta aberta a Freud.* São Paulo: Landy Editora, 2001. Esgotada.

teórico-clínica da psicanálise nas obras *Lebensrückblick*[10] e em *Sigmund Freud/Lou Andreas-Salomé: Briefwechsel*[11].

Uma vida em poesia

> A vida humana – ou, melhor, a vida em geral – é poesia. Sem nos darmos conta vivemo-la, dia a dia, pedaço a pedaço. Mas, na sua inviolável totalidade, é ela que nos vive, que nos inventa. Longe, muito longe da velha divisa: "fazer da vida uma obra de arte" – somos nós a nossa obra de arte.[12]

Lou pensou a vida – a Vida! como escrevia[13] – enquanto uma obra poética ao escutar uma conferência de Freud. Longe de ser somente um belo arranjo de palavras, para Lou a vida era entendida como uma obra de arte constituída de improvisos, sem que lhe fosse imposto constituir-se como tal, sem que o autor, aquele que vive essa obra, pudesse lhe dar qualquer contorno consciente. Entendia que a graça era justamente aquilo que, por ser inconsciente, constitui-se como a experiência vivida pelo sujeito.

---

[10]ANDREAS-SALOMÉ, L. (1951) *Lebensrückblick*. Frankfurt: Severus Verlag, 2017. Publicado no Brasil como: ANDREAS-SALOMÉ, L. (1951) *Minha vida*. São Paulo: Brasiliense, 1985. Esgotada.

[11]FREUD, S.; ANDREAS-SALOMÉ, L. *Freud – Lou Andreas-Salomé Briefwechsel*. Frankfurt: S. Fischer Verlag, 1966. 293 p. Publicado no Brasil como: FREUD, S.; ANDREAS-SALOMÉ, L. *Freud – Lou Andreas--Salomé. Correspondência Completa*. Rio de Janeiro, Imago, 1975. – traduzida da edição publicada nos Estados Unidos, em 1972.

[12]ANDREAS-SALOMÉ, L. (1951) *Um olhar para trás*. Lisboa: Relógio D'Água, 1987, p. 7. ANDREAS-SALOMÉ, L. *Carta aberta a Freud*. São Paulo: Editora Princípio, s/d., p. 15.

[13]ANDREAS-SALOMÉ, L. *Carta aberta a Freud*. São Paulo: Editora Princípio, s/d, p. 15.

Louise von Salomé, foi escritora e psicanalista. Nasceu em São Petersburgo em 12 de fevereiro de 1861, caçula de seis filhos e única filha, Lou era a preferida do pai, um general russo, e sempre salientou em sua obra a influência de ter crescido entre diversos homens – seus cinco irmãos – e os mimos e superproteção que recebeu do pai. Falando e escrevendo principalmente em alemão, mas obviamente conhecendo russo e francês – uma língua da alta sociedade da época – ela mantinha "a sensação de ser russa". Nasceu e cresceu em uma família com relações admiráveis, numa grande e imponente casa. Da relação com o pai em sua infância, recorda que sempre estiveram ligados por uma ternura secreta, o que a fazia desejar que a mãe "se afogasse". No entanto, Lou tinha uma relação de muita cumplicidade com sua mãe, personificando-a como uma imagem de identificação da feminilidade e da maternidade, essas percebidas por Lou como uma aceitação da submissão matrimonial e obediência às regras da sociedade e da fé religiosa. Embora sua infância tenha sido vivida em meio a muita sociabilidade, Lou em suas recordações afirma que estar sozinha, viver interiormente para si, era para ela uma necessidade tão imperativa quanto o contato e o calor humano.

Lou não concordava com a institucionalização do amor, materializada pelo casamento com sua fidelidade contratual, apesar de sua infância de formação religiosa ortodoxa. Muito provavelmente, a imagem sacrificial da mulher personificada pela mãe e a própria necessidade de solidão desde a infância, contribuíam para esta posição. No entanto, Lou acreditava na lealdade de uma relação e manteve-se casada oficialmente até a morte do marido, o linguista Friedrich Carl Andreas (1846-1930). Ele se apaixona por ela, a ponto de ameaçar o suicídio se ela se recusasse a casar com ele.

Apesar das relações que abertamente Lou mantinha com outros homens, eles permaneceram casados de 1887 até a morte de Andreas, em 1930.

Quando alguém lhe despertava interesse sensual, Lou imediatamente tratava de estabelecer uma relação em que esta atração fosse tão profunda quanto pudesse produzir intelectualmente cada um dos envolvidos. Antes de se casar com Andreas, – uma relação de amor, nunca se efetivando como uma relação erótica e sexual – Lou se afastava de quem lhe pedisse em casamento. Foi assim com o médico e filósofo alemão Paul Rée e com Friedrich Nietzsche. Lou propôs a ambos que formassem uma trindade, conforme conta futuramente em suas memórias:

> Confessarei com franqueza: o que me trouxe a convicção mais evidente de que meu projeto, verdadeiro insulto aos costumes em vigor na sociedade da época, era realizável, foi primeiro um simples sonho noturno. Nele vi um agradável gabinete de trabalho repleto de livros e flores, ladeado por dois quartos de dormir, e, indo e vindo por entre nós, colegas de trabalho formando um círculo ao mesmo tempo alegre e sério.[14]

Era, portanto, um sonho em viver uma vida numa comunidade intelectualmente fraterna, mas com quartos separados, e a aprovação de outras presenças amigáveis, com trabalho, seriedade e a alegria proporcionada pela produção intelectual. A proposta de uma "Trindade" não vingou com Rée e Nietzsche, apesar dos dois estarem profundamente

[14]ANDREAS-SALOMÉ, L. *Minha vida.* São Paulo: Editora Brasiliense, 1985, p. 45

apaixonados por ela. Nietzsche acreditou ter encontrado a única mulher que realmente o compreendia, e confessou a Lou depois de uma caminhada que fizeram juntos: "Devo-lhe o mais belo sonho de minha vida". Ela não aceita casar-se, e Nietzsche então mergulha numa profunda depressão e escreve *Assim falou Zaratustra* (1883-1885).

Em 1897, em meio a um casamento em crise e depois de romper com Rée, Lou conhece o poeta Rainer Maria Rilke, um jovem com um talento prodigioso, em busca de reconhecimento literário. Sobre esse encontro com Rilke, Lou afirmou: "os conflitos e tensões precedentes podem ter contribuído para que eu experimentasse o amor numa atmosfera de serena aceitação"[15]. Não foi somente Rilke o poeta quem a atraiu, mas Rilke o homem, e por ele se apaixonou:

> Aquilo a que costuma chamar-se a "graça masculina", possuía-o então Rainer no mais alto grau, na sua delicadeza sem complicações, indestrutível na consonância que ligava entre si todas as expressões do seu ser; na devida altura, sabia também rir, saber-se bem acolhido, sem ferida nem suspeitas, pelas alegrias da vida.[16]

A relação de Lou com a arte, sobretudo a poesia, reverberava em palavras, em seu gestual, e em sua vida. A vida para Lou era poesia, e poesia e arte para ela era Rilke. O poeta era muito jovem quando conheceu Lou, distanciaram-se por algum tempo, mas nunca se separaram de fato, e a relação

---

[15]FREUD, S.; ANDREAS-SALOMÉ, L. *Freud – Lou Andreas-Salomé. Correspondência Completa.* Rio de Janeiro: Imago, 1975, p. 14.

[16]ANDREAS-SALOMÉ, L. (1951) *Um olhar para trás.* Lisboa: Relógio D'Água, 1987, p. 113.

de amor que cultivavam era inundada de sensualidade, erotismo e admiração. Rilke escrevia, e para ele um poema estava pronto quando Lou gostava: Lou era quem o nutria e recebia os escritos. Somente ela entendia o processo criativo, um tanto quanto sofrido, do poeta alemão admirado e amigo querido de Freud. Rilke dedicou seu *Livro de Horas* (1905) à Lou: "Depositado nas mãos de Lou". A publicação de cartas e de antigos diários de Rilke, revelaram o quão significativo foi para ele a relação com Lou, tanto como homem quanto como artista.

> Se fui durante anos tua mulher, assim o foi porque tu foste para mim *o pela primeira vez real*, corpo e homem, uno, indiscernível, fato indubitável da vida mesma. Palavra por palavra eu tinha podido confessar-te o que me disseste como confissão de amor: "Somente tu és real".[17]

Lou Salomé e Rilke viveram uma intensa relação de amor e poesia. A vida para Lou era uma exaltação à experiência; não somente uma experiência em sua essência individualmente experimentada, mas uma experiência poética em sua inviolável totalidade. Lou afirmava que a vida humana é poesia, e Rilke o poeta que generosamente transformava as próprias misérias e angústias em poesia, num fazer poético em que não há uma negação à união do belo e do terrível. Essa inviolável totalidade poética da beleza e do assombro[18], era também para Lou aquilo que se compõe como

---

[17]ANDREAS-SALOMÉ, L. *Minha vida*. São Paulo: Editora Brasiliense, 1985, p. 97.

[18]ANDREAS-SALOMÉ, L. *Um olhar para trás*. Lisboa: Relógio D'Água Editores Ltda., 1987, p. 135.

material de uma análise, assim como o amor aquilo que faz o laço tão necessário à direção do tratamento em psicanálise. Lou compreendia a vida e a psicanálise de uma maneira em que o amor e a poesia são indissociáveis. Nisso concordava Freud, que considerava e muito o trabalho dos poetas, e tinha uma refinada afinidade com artes, tendo escrito vários artigos psicanalíticos em que toma a arte como um referencial para sua escrita.

Um encontro

> Raramente aconteceu-me ter admirado um trabalho psicanalítico em lugar de criticá-lo, mas desta vez não posso deixar de fazê-lo. É a melhor coisa sua que já li, uma prova involuntária de sua superioridade sobre todos nós [...] Se ao menos pudéssemos ampliar de uma forma plástica aquilo que você esboçou com seu delicado pincel, talvez nos tornássemos capazes de compreender as verdades finais.
>
> Nem tudo de que você trata me foi imediatamente inteligível e nem tudo também valia a pena saber. Mas, apesar do que dizem algumas pessoas, não sou artista. Jamais poderia ter descrito os efeitos da luz e da cor, mas apenas seus contornos grosseiros. Muito cordialmente seu, Freud.[19]

Muitos foram os discípulos de Freud. Alguns o cativaram de imediato e depois tornaram-se dissidentes ou rivais ferrenhos, outros se mantiveram como amigos, outros tantos

---

[19]Resposta de Freud à Lou ao término de sua leitura de *Mein Dank an Freud* em: FREUD, S.; ANDREAS-SALOMÉ, L. *Freud – Lou Andreas-Salomé. Correspondência Completa.* Rio de Janeiro: Imago, 1975, p. 254, carta de cerca de 10 de julho de 1931.

como apoiadores e divulgadores da psicanálise. Pacientes apaixonadas, amigas protetoras: Freud tinha muito carisma. Um intelecto extremamente afiado aliado a um bom humor sagaz, conferiam a ele a fama necessária para a divulgação – fosse por oposição ou paixão – da psicanálise. E Freud sabia como ninguém defender sua criação com unhas e dentes, mantendo relações que lhe eram interessantes e distanciando-se, na maioria das vezes com diplomacia, de quem julgava não agregar valor à sua nova ciência. Poucos, bem poucos, compartilharam de sua intimidade. Ninguém compartilhou dos recônditos da intimidade de Freud de modo tão sensível e ao mesmo tempo contundente como Lou Andreas-Salomé.

Lou e Freud se conheceram antes da Primeira Guerra Mundial, a *Belle Époque*, época caracterizada por grande produção artística, literária e intelectual, e marcada por importantes transformações culturais que se manifestaram em novas formas de pensar e viver, um momento muito favorável à pretensão de Freud em tornar a psicanálise uma ciência. E foi nesse clima efervescente de muitas trocas culturais e intelectuais, inovações científicas e de enaltecimento da elegância e beleza, que Freud e Lou iniciaram uma profícua, leal e duradoura amizade, que só se findou com a morte de Lou em 1937, um dolorido golpe ao envelhecido e doente Freud.

Há relatos de que Freud e Lou possam ter se encontrado pela primeira vez em Viena na primavera de 1895, ano em que Freud publicou os "Estudos sobre a histeria", trabalho este que teria despertado o interesse de Lou, não somente por sua atração pela "psicologia das profundezas" como ela gostava de chamar a psicanálise, mas por seus estudos relacionados a feminilidade. No entanto, segundo relato da própria Lou, eles se conheceram no 3º Congresso de Psicanálise promovido pela IPA – *International Psychoanalytical Association* – que aconteceu de 21 a 23 de setembro de 1911 em Weimar, apresentados por Poul Bjerre, um psicanalista sueco já bem familiarizado com o trabalho de Freud e que vinha trabalhando numa conferência sobre a sublimação.

Depois do Congresso de Weimar, Lou ficou ainda mais fascinada pela psicanálise, e no próximo ano, embarcou para Viena com o único propósito de "dedicar-se mais profundamente a todos os aspectos dessa matéria"[20], enfatizando o quanto já estava absorvida pelos estudos de psicanálise, e perguntando se Freud lhe permitia ser admitida às suas "Noites de Quarta-feira". Freud respondeu muito generosamente: "Quando a senhora vier a Viena faremos todo o possível para introduzi-la ao pouco de psicanálise que pode ser demonstrado e comunicado. Já interpretei sua frequência ao Congresso de Weimar como um augúrio favorável.[21]" Assim, em 25 de outubro de 1912, Lou Andreas-Salomé desembarca em Viena para estudar psicanálise, passa a assistir às palestras de Freud aos sábados em uma clínica e às reuniões em sua casa às quartas-feiras, reuniões essas conhecidas desde 1902, quando foram fundadas, como "Sociedade Psicológica das Quartas-Feiras".

Um trecho de uma carta enviada por Karl Abraham a Freud depois do Congresso de Weimar e antes da ida de Lou a Viena, deixa claro que independente da influência de Bjerre, Lou seria aceita nos círculos psicanalíticos de Freud:

---

[20]FREUD, S.; ANDREAS-SALOMÉ, L. *Freud – Lou Andreas-Salomé. Correspondência Completa*. Rio de Janeiro: Imago, 1975, p. 17.
[21]*Ibid*.

> Uma convidada do Congresso de Weimar, Frau Lou Andreas-Salomé, está passando algum tempo em Berlim. Conheci-a muito bem e devo dizer que nunca encontrei ninguém com uma compreensão tão profunda e sutil da psicanálise. Ela virá a Viena no inverno e gostaria de frequentar as sessões aí.[22]

Quando conheceu Lou, Freud era professor de Patologia na Universidade de Viena e já havia publicado vários artigos e importantes trabalhos como "A interpretação dos sonhos", de grande repercussão e, também, os "Três ensaios sobre a teoria da sexualidade" que gerou uma série de controvérsias e críticas severas a Freud. Nos "Estudos sobre a histeria", de 1895, Freud já tinha dado o passo inicial de distinção entre os fenômenos psíquicos conscientes e inconscientes ao empregar o método da associação livre e assim perceber uma importante mola propulsora à direção do tratamento: o paciente, no contato com o médico, estabelece um laço afetivo intenso, que se instaura de forma quase automática e independente da realidade, despertando uma série de fantasias que vão pouco a pouco revelando a organização subjetiva do paciente, e nessa dialética, ganhando novas versões. É a transferência, a chave da invenção desse novo método de tratamento, a novidade que caracterizava o método verdadeiramente psicanalítico.

A psicanálise tinha instituído suas bases. As teorias básicas já haviam sido estabelecidas e discussões acerca dos conceitos teórico-clínicos de Freud não somente estavam em produtiva ascensão com a publicação de inúmeros trabalhos do próprio Freud e de seus discípulos, como também críticas

[22] *Ibid.*, p. 276.

negativas e dissidências vinham a fomentar ainda mais a instituição da psicanálise como um novo campo teórico-clínico.

Lou Andreas-Salomé não poderia ter-se reunido ao movimento psicanalítico num momento mais frutífero de sua história.

Há um domingo entre nós

> Numa das primeiras tardes do grupo de trabalho (que, há apenas um ano, contava com uma participante feminina), Freud explicou, preliminarmente, que se falaria sem pudor ou reserva sobre temas, por sua matéria ou outros motivos, embaraçosos, e que eram justamente os que estavam em questão. Gracejando, com uma daquelas pequenas delicadezas cordiais que ele demonstrava, acrescentou: "Como sempre, vamos ter jornadas de trabalho duras..., com a diferença de que, agora, há um domingo entre nós".[23]

> A palavra "domingo" tornar-se-ia depois para mim, frequentemente evocadora do próprio Freud e do seu olhar.[24]

A palavra domingo – *sonntag* no original em alemão[25] e *rayon de soleil* na tradução francesa[26] – para Lou traduzia perfeitamente o próprio Freud e tudo o que ele dizia, desvendava e escrevia. A psicanálise integrava-se no contexto

---

[23]ANDREAS-SALOMÉ, L. *Minha vida.* São Paulo: Editora Brasiliense, 1985, p. 116.
[24]ANDREAS-SALOMÉ, L. *Um olhar para trás*. Lisboa: Relógio D'Água Editores Ltda., 1987, p. 166.
[25]ANDREAS-SALOMÉ, L. *Lebensrückblick*. Vezseny: Sporer Peter Michael eBooks, 2010.
[26]ANDREAS-SALOMÉ, L. *Ma vie.* Paris: Press Universitaires de France, 1977, p. 168.

de suas grandes "experiências" da infância e constituía uma conclusão adequada para elas, além de ser rica em perspectivas diversas. Até mesmo os detalhes que ao olhar de Freud poderiam ser chocantes ou assustadores aos ouvidos femininos, para Lou sempre havia uma luz, um brilho que a animava em cada dia de trabalho com Freud. Em seus momentos de desgosto, Freud ficava surpreso com o crescente interesse de Lou pela psicanálise, e lhe dizia: "não faço mais nada além de ensinar a lavar as roupas sujas das pessoas [...] até mesmo quando falamos das maiores atrocidades, você as contempla como se fossem Natal"[27].

A paixão de Lou pela vida transparecia em seu próprio físico e transbordava em seu interesse pela psicanálise. Freud deslumbrava-se com essa vivacidade, brilho intelectual e lucidez, deslumbramento esse que o incitava a produzir, e ansioso, aguardava cartas de Lou com suas observações sobre seus textos:

> Você promete informar-me de suas próprias ideias a respeito de várias publicações recentes. Suplico-lhe que não demore. Gostaria de poder entender tudo o que você escreve. Você sabe que o valorizo. Seu fiel Freud[28]

Segundo Ernst Pfeiffer, amigo fiel de Lou e que revisou e organizou edições de suas memórias e, também, a obra

---

[27]ANDREAS-SALOMÉ, L. *Minha vida.* São Paulo: Editora Brasiliense, 1985, p. 117.
ANDREAS-SALOMÉ, L. *Um olhar para trás.* Lisboa: Relógio D'Água Editores Ltda., 1987, p.167.
[28]FREUD, S.; ANDREAS-SALOMÉ, L. *Freud – Lou Andreas-Salomé. Correspondência Completa.* Rio de Janeiro: Imago, 1975, p. 190, carta de 17 de novembro de 1924.

Freud – Lou Andreas-Salomé. Correspondência completa, a última fase da vida de Lou foi dominada pela figura de Freud, mais precisamente pela psicanálise de Freud, como ela mesma nomeou em suas memórias como "A experiência Freud". Pfeiffer afirma que Lou chamou o que recebeu de Freud de "acréscimo de algo novo às nossas crenças básicas"[29].

Para Lou a psicanálise era não somente o mais seguro, mas o único modo de cura. Para Freud, Lou era uma entendedora *par excellence*:

> Não posso acreditar que haja qualquer perigo de a senhora entender mal qualquer de nossos argumentos. Se isso acontecesse seria por nossa, neste caso minha, culpa. Afinal, a senhora é uma "entendedora" *par excellence*.[30]

> Não fique zangada por ter sido chamada de "entendedora". Sei muito bem que a senhora é mais que isso, mas a compreensão profunda – a compreensão de mais do que é dado – e a base de tudo.[31]

A maneira como Lou compreendia, e principalmente se envolvia buscando sempre esmiuçar ao máximo o que Freud se esmerava por elucidar, encantava Freud e lhe concedia um imenso prazer, levando-o a produzir artigos e textos para conferências já de antemão imaginando qual seria o

---

[29]PFEIFFER, E. Introdução: Lou Andreas-Salomé. *In*: FREUD, S.; ANDREAS-SALOMÉ, L. *Freud – Lou Andreas-Salomé. Correspondência Completa*. Rio de Janeiro: Imago, 1975, p. 15.

[30]FREUD, S.; ANDREAS-SALOMÉ, L. *Freud – Lou Andreas-Salomé. Correspondência Completa*. Rio de Janeiro: Imago, 1975, p. 65.

[31]*Ibid*., p. 70.

posicionamento de "Frau Andreas". O interesse de Lou pela psicanálise não era somente investigativo e nem tampouco acadêmico, a sutileza com que apresentava suas observações, era um modo de compreender, e ao mesmo tempo provocar, que Freud muito apreciava.

> Senti sua falta na conferência de ontem e fico contente em saber que sua visita ao campo do protesto masculino nada teve a ver com sua ausência. Adotei o mau hábito de sempre dirigir minha palestra a um membro definido do auditório e ontem fixei meu olhar, como se estivesse enfeitiçado, no lugar que lhe havia sido reservado. Sinceramente seu, Freud.[32]

> Sinto imensamente ter de responder à sua carta por escrito, ou seja, que a senhora não estivesse presente à minha palestra de sábado. Fiquei privado de meu ponto de fixação e falei vagamente. Felizmente, era a última conferência.[33]

A busca criadora e o tenso caminho trilhado por Freud na criação e exploração de sua psicanálise, tinham em Lou um apoio estimulante: ao mesmo tempo que Freud gozava de uma admiração irrestrita e carinhosa, também tinha em Lou uma interlocutora bastante crítica e muito questionadora. Freud não somente cultivou como soube bem sustentar toda essa intensa transferência: todos os textos que produzia os encaminhava à Lou, como bem mostra o trecho de uma carta de 1930, em que ele demonstra sua gratidão aos comentários que Lou fez ao *O mal-estar na civilização*:

---

[32] *Ibid.*, p. 22.
[33] *Ibid.*, p. 25.

> Mas agora que finalmente estou escrevendo-lhe, fico encantado em observar que nada se alterou em nossas respectivas maneiras de abordar um tema, qualquer que seja. Toco uma melodia – em sua maior parte muito simples, você lhe fornece as oitavas mais altas; separo uma da outra, você mistura o que foi separado numa unidade maior; aceito silenciosamente os limites impostos por nossa subjetividade, enquanto você presta uma atenção especial a eles. De modo geral, entendemo-nos e estamos de acordo em nossas opiniões.[34]

A psicanálise começou de um encontro entre um homem e uma mulher: Joseph Breuer, o analista, e Anna O., a analisanda, e quem batizou a psicanálise de *talking cure*. A intensidade amorosa dessa relação clínica mostrou-se atravessada por um componente novo, que levou Freud a abandonar a hipnose, levar adiante a *talking cure*, e principalmente estabelecer a transferência como mola propulsora indispensável ao tratamento psicanalítico. Breuer não conseguiu sustentar a intensidade da transferência e Freud assumiu o caso. Astuto, Freud percebeu que esse sentimento amoroso e erótico, quando manejado, institui-se como o liame imprescindível na relação analista e analisando, além de, a partir do embaraço de Breuer, também notar o caráter paradoxal da transferência: ao mesmo tempo que é condição de uma análise, também podem emperrar, limitar. Lou tinha uma maneira de entender a transferência também pela via da arte, enfatizando que:

> [...] eu compreendia, com uma clareza perfeita, porque a transferência que o analista opera sobre o analisando e

[34]*Ibid.*, p. 241.

> a natureza do interesse que este lhe traz apresentam uma analogia surpreendente com a relação que mantém o poeta e suas criaturas. Eu falo desse grau de objetividade, de neutralidade, que o artista conserva ao dar-se todo sem reservas, da atitude inteiramente fundada sobre o sentimento latente, obscuro.[35]

Apesar da numerosa e longínqua troca epistolar com Freud, participar ativamente de muitas reuniões e debates psicanalíticos, estar presente em muitas conferências de Freud e de outros psicanalistas, Lou Salomé não fez muitas contribuições teóricas para a psicanálise, embora fosse inegável seu talento para a escrita e sua compreensão da psicanálise. A própria Lou afirmou em carta a Freud, que lhe enviava perguntas posteriormente por escrito, porque preferia ficar quieta nas reuniões, no entanto Freud reconhecia essas colaborações:

> todas as vezes em que leio uma de suas cartas de apreciação, estarrece-me o seu talento de ir além do que foi dito, completá-lo e fazê-lo convergir em algum ponto distante. Naturalmente, nem sempre concordo com a senhora. Raramente sinto a necessidade da síntese."[36]

Em seus trabalhos, Freud acatou muitas contribuições e críticas apontadas por Lou, incluindo exemplos enviados por ela como um acréscimo, uma ilustração ao texto que

---

[35]ANDREAS-SALOMÉ, L. *Carta aberta a Freud*. São Paulo: Editora Princípio, s/d, p. 16.

[36]FREUD, S.; ANDREAS-SALOMÉ, L. *Freud – Lou Andreas-Salomé. Correspondência Completa*. Rio de Janeiro: Imago, 1975, p. 49.

estava escrevendo. Ele também articulou a publicação de um ensaio psicanalítico escrito por ela[37]. Essa troca generosa e crítica entre ambos foi muito consistente, conforme consta na Correspondência Completa:

> O seu ensaio "Anal e Sexual" é ansiosamente esperado. Não tenho certeza se será publicado no *Jornal* ou em Imago. [...] Seu manuscrito chegou e está nas mãos dos editores, na minha opinião, é a melhor coisa que a senhora já me deu até hoje.[38]
>
> Tenho em alta estima seus comentários complementares sobre meu ensaio "Os instintos e suas vicissitudes", como uma contribuição do lado feminino, e espero vê-los apresentados em continuação ao seu estudo "Anal e Sexual".[39]
>
> A senhora me permitiria incluir seu comovente "lapso" sob seu próprio nome na nova edição de *Vida Cotidiana*?[40]
>
> Por seus comentários sobre "Uma criança está apanhando", como sempre, meus calorosos agradecimentos! A senhora sempre dá mais do que recebe...[41]

---

[37]ANDREAS-SALOMÉ, L. Anal und sexual. In: *Imago – Zeitschrift für Anwendung der Psychoanalyse auf die Geisteswissenchaften*. Sigmund Freud (hg.), Ano 4, v. 5, 1916, p. 249-273. Publicação em português: ANDREAS--SALOMÉ, L. "Anal" e "sexual". Tradução de: Brunilde Tornquist e Paul Tornquist. In: ASSOCIAÇÃO PSICANALÍTICA DE PORTO ALEGRE (APPOA) *Necessidade da neurose obsessiva*. Brunilde Tornquist e Paul Tornquist, Porto Alegre: APPOA, 2003, p. 91 -117 (nota da editora).

[38]FREUD, S.; ANDREAS-SALOMÉ, L. *Freud – Lou Andreas-Salomé. Correspondência Completa*. Rio de Janeiro: Imago, 1975, p. 52 e 54, carta de 9 de novembro de 1915.

[39]*Ibid.*, p. 95, carta de 22 de novembro de 1917.

[40]*Ibid.*, p. 123, carta de 09 de fevereiro de 1919.

[41]*Ibid.*, p. 141, carta de 02 de agosto de 1920.

Lou enriquece a teoria com suas próprias análises e começa a praticar a psicanálise em sua casa em Göttingen. Freud reconhece seu trabalho como psicanalista e lhe encaminha muitos pacientes, além de estabelecerem uma abundante troca clínica, pois tanto Lou quanto Freud discutiam os casos atendidos de modo a dar um melhor direcionamento clínico em seus atendimentos, e assim manter a técnica da psicanálise, pois para Lou "a chamada 'análise didática' permite tão amiúde uma renovação pessoal tão profunda como a resultante de uma análise terapêutica"[42]. Lou entendia a psicanálise não somente como o mais seguro, mas como "um método prático de cura"[43].

Como um homem burguês e que cultivava os valores convencionais de sua época, para Freud a entrada de Lou Salomé nos círculos psicanalíticos se configurou de início como uma alegria inesperada, mas não como uma possível – e tão duradoura! – relação de amizade e sobretudo interlocução intelectual. Lou conquistou esse lugar e marcou a psicanálise posicionando-se crítica e com competência intelectual em seus argumentos aos textos que Freud lhe enviava, fazendo com que muitas vezes Freud repensasse alguns pontos, reescrevesse, mesmo que depois argumentasse discordar. Lou, além de uma doce amiga, funcionou como um pêndulo necessário à vaidade que seduz todo gênio criador.

Desde que conheceu Freud no Congresso de Weimar em 1911, Lou foi uma entusiasta e obstinada divulgadora da psicanálise. Apesar disso, deixou claro em sua autobiografia que "militar na sua causa *não* implica necessariamente

[42]ANDREAS-SALOMÉ, L. *Um olhar para trás*. Lisboa: Relógio D'Água Editores Ltda., 1987, p. 159.
[43]*Ibid.*, p. 152.

seguir 'a lei conforme ele apresentou'"[44]. Por "ele" entenda-se Freud. Lou entendeu que estar na posição de psicanalista não significa seguir conceitos e leis sem questionamentos, sendo esses importantes ao que se supõe já compreendido, ao se escutar numa análise, também àqueles que se colocam como transmissores de uma teoria. Essa talvez a maior contribuição de Lou Salomé à psicanálise: questionar Freud sem pudores, sem melindres e assim desviá-lo de certezas e vaidades, como bem sintetizado por Freud: "a senhora tem uma forma sutil de indicar-me onde os abismos se tornam visíveis e onde novos argumentos são necessários"[45].

Lou e Freud jamais desfizeram o laço que os uniu em 1911. Envelhecidos e doentes, trocavam recordações e estímulos de vida, embora Lou não se conformasse com os sofrimentos de Freud:

> [...] estava perturbada, pois sabia que, há muito ele atravessava anos terríveis, difíceis, dolorosos [...] Revoltada com seu destino e martírio, escapou-me dos lábios trêmulos: 'Aquilo que outrora tagarelei em meu entusiasmo juvenil, o senhor tens padecido.'[46] Depois 'espantada' com

---

[44] *Ibid.*, p. 163.
[45] *Ibid.*, p. 52.
[46] Lou referia-se aos últimos versos de um poema seu, escrito na juventude, "Oração à vida:"

> Para pensar, para viver milhares de anos,
> deram de novo tudo o que contigo trazes!
> Se já não tens felicidade para me dar,
> pois, bem-vinda seja então a tua dor...

Freud, anos antes, lera estes versos em voz alta e exclamara: 'Não! Você sabe que eu não poderia ser assim. Para mim, chega e sobra um bom catarro crônico para me curar de tais desejos!' *In*: ANDREAS-SALOMÉ, L. *Um olhar para trás*. Lisboa: Relógio D'Água Editores Ltda., 1987, p. 168.

> a sinceridade de minhas palavras, [...] irrompi num choro descontrolado. Freud não respondeu. Senti apenas o seu braço a rodear-me.[47]

Lou Andreas-Salomé morreu a 5 de fevereiro de 1937, quase aos setenta e seis anos de idade, em sua casa em Göttingen. Ernest Pfeiffer, editor e amigo de Lou foi quem comunicou Freud e sua filha Anna. Freud escreveu um elogio fúnebre:

> Durante os últimos 25 anos de sua vida, essa notável mulher esteve ligada à psicanálise, à qual contribuiu com trabalhos valiosos e que também praticou. Não estarei dizendo demais se reconhecer que todos nós sentimos como uma honra quando ela se juntou às fileiras de nossos colaboradores e companheiros de armas, e, ao mesmo tempo, como uma nova garantia da verdade das teorias da análise.[48]

Anos antes, no verão de 1935, diante do perigo eminente de sua morte devido a uma cirurgia necessária, Lou despediu-se dos amigos mais próximos. O tempo depois disso ela o considerou como um presente suplementar, e suas palavras nesse momento, conforme conta Ernest Pfeiffer no posfácio de *Lebensrückblick*, foram: "Tudo, tudo está bem".

---

[47]ANDREAS-SALOMÉ, L. *Minha vida*. São Paulo: Editora Brasiliense, 1985, p. 119. ANDREAS-SALOMÉ, L. *Um olhar para trás*. Lisboa: Relógio D'Água Editores Ltda., 1987, p. 168.

[48]FREUD, S. Breves Escritos – Lou Andreas-Salomé. (1937). In: *Edição standard brasileira das obras psicológicas completas de Sigmund Freud*, vol. XXIII. São Paulo: Imago, 1996, p. 315.

Durval Marcondes e sua inserção nos primórdios da psicanálise no Brasil

••• Dayse Stoklos Malucelli

A inclusão de Durval Marcondes neste livro tem um intuito muito decidido: dar notícias desse autor fora dos círculos da IPA. Pois, principalmente nas escolas mais fiéis e sectárias ao pensamento lacaniano, pouco ou nada se conhece sobre ele; quando muito, raras e insuficientes notas de pé de página são colocadas.

Durval Marcondes estudou Medicina em São Paulo, e ainda durante a graduação se interessou pela psicanálise. Nasceu em 1899, em São Paulo, e desde menino anunciava sua inquietude quando dizia, quase ingenuamente, que havia um "por fora" muito bem comportado e "um por dentro" muito inconformado – proposição que foi tomando corpo ao longo de seus escritos, seu ensino e sua experiência clínica.

Para aceder às informações tão preciosas e indispensáveis aos psicanalistas destes tempos *cyber* – porque falam dos primórdios, da inauguração –, recorri a dois trabalhos, mais que suficientes para o que pretendo comunicar aqui:

1. O de Roberto Yutaka Sagawa, psicanalista, historiador e pesquisador da História da psicanálise em São Paulo e no Brasil, com inúmeros trabalhos publicados e um aprofundamento rigoroso e proficiente nos escritos de Marcondes, o qual, por sua vez, foi um psiquiatra e psicanalista que se atreveu a entrar nas searas da psicanálise, ainda incipiente – até mesmo na Europa –, trazendo ao Brasil, a duras penas e em ritmo homeopático, quase sozinho, o pensamento freudiano que vicejou do modo como conhecemos hoje.

2. À magnífica pesquisa da querida colega Carmem Lucia Valladares, que exaustivamente escreveu sobre a História da psicanálise. Ela produziu uma pesquisa magistral em sua tese de doutorado defendida na Universidade Paris Diderot (2001) sob a direção de Elisabeth Roudinesco. Foi "aos empoeirados e raros arquivos" e construiu um texto revelador, uma história que interessa não só aos psicanalistas, mas a todos aqueles que são curiosos a respeito de nossas tradições culturais, pois ela não nos deixa esquecer do movimento modernista em seus primórdios, com destaque ao livro-mor desse período: "Paulicéia desvairada", de Mario de Andrade – segundo a autora, a primeira poesia brasileira a introduzir a temática freudiana na literatura, escrita em 1920 e publicada em 1922[1].

Seguramente, sem essas duas fontes de pesquisa não seria possível a inserção deste pequeno artigo neste livro para que, junto com tantos autores importantes trabalhados,

---

[1]VALLADARES, C. L. M. O. História da Psicanálise, São Paulo, 1920-1969. São Paulo: Escuta, 2005, p. 22.

tenhamos a chance de nos aproximar desse autor corajoso e persistente, como muitas vezes a psicanálise nos exige: sem pusilanimidade. De modo a bebermos nestas duas fontes, as quais talvez sejam suficientes para os apontamentos que serão feitos neste texto.

Durval Marcondes foi um fundador solitário, como a maioria dos fundadores de qualquer iniciativa arrojada e minimamente inédita. Ele conta que tudo começou com a leitura de um artigo do professor Franco da Rocha (1864-1933) que, como sabemos, foi um médico psiquiatra pioneiro, fundador da psiquiatria moderna, que concebia a loucura de maneira muito próxima à marcada por Foucault: "Uma doença, não da natureza, nem do homem, mas da sociedade." Entretanto, como lembra Valladares, concebia-a também um pouco à maneira de Pinel, que julgava e pensava que a cura do louco dependia de sua estabilização em um tipo social moralmente reconhecido e aceito. Foi graças à sua circulação no meio político local e ao seu prestígio intelectual que, sem muita demora, o psiquiatra conseguiu aplicar, pelo menos em parte, seus conceitos teóricos à população mais necessitada: construiu um novo hospício, o Juqueri, que contava com uma colônia agrícola acrescida da experiência escocesa de *boarding-out*, que estimulava os moradores rurais da região próxima ao hospital a receber doentes irrecuperáveis graves, mas capazes de trabalhar nas plantações.

Além disso, outro dispositivo corajoso e inédito no Brasil era a adoção de pensionistas por parte dos funcionários, os quais acolhiam duas ou mesmo três pessoas em suas casas. Desse modo, o Juqueri desenvolveu uma tripla função: tratamento, formação e pesquisa – todas voltadas para a área da psiquiatria. Coube também, nesxa época, a criação da "clínica psychiatrica de doenças nervosas", onde os psiquiatras tiveram a oportunidade de tornar conhecidas – com entraves e em ritmo homeopático – as teses freudianas[2].

Por conseguinte, o artigo de Franco da Rocha a que Durval Marcondes se refere, e que foi a razão primeira para o começo de sua pesquisa na clínica psicanalítica, é "Do delírio em geral", de 1919[3], extraído da aula inaugural de sua cátedra na Faculdade de Medicina de São Paulo. O que vai chamar a atenção de Durval Marcondes nesse artigo é, acima de tudo, a posição de Franco da Rocha ao abordar os sonhos como fenômenos psicológicos, embora esta ideia já venha desde os gregos (vide Platão), mas ainda em uma posição mítica, como era recorrente à época. Franco da Rocha, como lembra Sagawa, foi o primeiro médico da psiquiatria de prestígio científico e social a dar este estatuto clínico aos sonhos.

Nessa linha, o primeiro livro genuinamente brasileiro sobre a psicanálise de extração freudiana foi *O pansexualismo na doutrina de Freud*[4], escrito em 1920. A obra teve uma recepção pouco calorosa e chegou a provocar alguns mal-entendidos na comunidade médica. Como consequência, a nova edição foi publicada, porém com outro título, *A doutrina de Freud*, já que havia a notícia de que Freud não estava de acordo com o termo "pansexualismo" pela banalidade e mal-entendido que produziu na época.

---

[2]*Ibid.*, p. 84.

[3]MARCONDES *apud* Sagawa, R. Y. Durval Marcondes. *Coleção Pioneiros da Psicologia Brasileira*. Brasília: Conselho Federal de Psicologia; co-edição, Rio de Janeiro: Imago, 2002, p. 15.

[4]FRANCO DA ROCHA, F. *O pansexualismo na doutrina de Freud*. São Paulo: Typographia Brasil de Rothschild & Cia, 1920.

No prefácio desse livro, Franco da Rocha teve a intenção de explicitar com paixão uma teoria da qual se começava a falar, mas que pouco se conhecia em razão de sua língua original, o alemão – pouquíssimo difundido no Brasil daquela época. Três anos depois de publicada essa obra, Franco da Rocha se aposentou, mas ainda teve tempo e disposição para formar o discípulo e tema deste capítulo: Durval Marcondes, o qual respondeu ao legado com muito entusiasmo por essa nova abertura excitante, instigante e revolucionária – a psicanálise.

Durval Marcondes foi um discípulo *avant la lettre*, pois, além da clínica psiquiátrica, se interessava por literatura e poesia. Chegou até a publicar na revista icônica de literatura *Klaxon* – lançada no mesmo ano em que se realizou a *Semana de Arte Moderna* (1922-1923) – a primeira revista modernista do Brasil, irreverente e sarcástica[5].

Pois então, em 1926, Marcondes finalmente tentou aproximar, com vigor, suas duas paixões, psicanálise e literatura, ao escrever seu primeiro texto: "O Symbolismo esthetico na literatura. Ensaio de uma orientação para a crítica literária, baseada nos conhecimentos fornecidos pela psycho-analyse." Tal ensaio foi apresentado sem muita repercussão para a cadeira de literatura na Escola Normal de São Paulo. Mesmo assim, esse texto é uma referência aos primórdios da tentativa de análise literária baseada na psicanálise produzida no Brasil, e se tornou referência também pelo que representou acerca do engajamento definitivo de Durval Marcondes à causa freudiana, apesar de ter fracassado no "concurso Franco da Rocha".

---

[5]VALLADARES, C. L. M. O. História da Psicanálise, São Paulo, 1920-1969. São Paulo: Escuta, 2005, p. 90.

A partir daí, Marcondes teve a coragem e a ousadia – um sul-americano desconhecido nas searas europeias – de enviar um exemplar de seu mais recente escrito a Freud, que tinha por hábito epistolar nunca deixar uma correspondência sem resposta, como podemos facilmente verificar em suas célebres e fartas correspondências com Fliess, Pfister, Lou Salomé, entre outros interlocutores fundamentais para a construção do *corpus* psicanalítico. Eis a carta na íntegra[6]:

> Vienna, Bergasse
> 18.11.1926
>
> Excelentíssimo senhor,
>
> Infelizmente, não entendo sua língua, mas graças aos meus conhecimentos do espanhol foi possível supor de sua carta e seu livro que a sua intenção é empregar os conhecimentos adquiridos pela psicanálise na literatura, e despertar o interesse dos jovens de seu país pela nossa jovem ciência. Agradeço-lhe sinceramente pelo seu esforço esperando que tenha sucesso. Posso garantir que vale a pena aprofundar-se no assunto e que encontrará nele muitos esclarecimentos.

Marcondes fica muito surpreso e entusiasmado com a gentil resposta de Freud – ele pensava que Freud jamais leria sua carta. Sua intenção era apenas dar a Freud a noção de que, mesmo num lugar distante da civilização europeia, havia alguém que ousava se interessar por essa jovem ciência; mas, por incrível que pareça, o atencioso Freud leu e

[6]SAGAWA, R. Y. Durval Marcondes. *Coleção Pioneiros da Psicologia Brasileira*. Brasília: Conselho Federal de Psicologia; coedição, Rio de Janeiro: Imago, 2002, p. 22.

comentou a correspondência graças a seu conhecimento em espanhol e à sua generosidade com os que se aproximavam da psicanálise. Durval Marcondes diz que, além de uma grande e agradável surpresa, a reposta da carta deu-lhe estímulo e disposição para poder continuar seus estudos em psicanálise: "[Palavras] estas que tiveram um efeito decisivo na minha disposição de me dedicar à psicanálise."[7]

O efeito foi transformador a tal ponto de fazer dele, ao lado de Franco da Rocha, um pioneiro da psicanálise em São Paulo, mesmo que as primeiras experiências de tratamento freudiano no Brasil datem de 1914. Ainda depois da morte de Franco da Rocha, Durval Marcondes continuou trabalhando com a psicanálise e, graças a sua perseverança, tornou-se o fundador incontestável do movimento psicanalítico paulista.

Porém, mesmo com a difusão da psicanálise, ela e a psiquiatria ainda se mostravam opostas. Em 1930, Pacheco da Silva, outro discípulo de Franco da Rocha, afirmou que "os alienados são os piores pacientes para o método psicanalítico", em uma franca resistência ao método para o tratamento de pacientes psicóticos. E como cético em relação à psicanálise, permaneceu convencido de que a cura das psicoses passava pela introdução de terapias modernas, como a insulinoterapia, o eletrochoque e a malarioterapia. A psicanálise, pouco a pouco, firmou-se como uma concepção puramente psicológica, em oposição às ideias de anomalia e lesões psíquicas propagadas pela psiquiatria orgânica.

Foi nesse cenário não muito favorável que coube a Marcondes, junto com Franco da Rocha, a responsabilidade de criar a Sociedade Brasileira de Psicanálise, a qual pretendia

[7] *Ibid.*, p. 86.

formar a primeira associação psicanalítica da América Latina, um centro de coordenação e difusão de estudos e ensinamentos de Freud. Infelizmente, todas as tentativas fracassaram, inclusive a de criar uma revista, a *Revista Brasileira de Psychanalyse*, que não passou do primeiro número, em 1928.

Marcondes enfatiza que o verdadeiro perigo da psicanálise reside menos em seu método e em sua técnica e mais em quem o aplica – constatação que, sem dúvida, perdura até os dias de hoje. Fiel a essa ideia, Marcondes vai insistir em introduzir o ensino dessa disciplina na formação médica ou como especialização por meio da proposição de um Instituto de Formação e Prática, ou até mesmo como disciplina psicológica. Sem sucesso, nenhuma dessas modalidades alcançou algo promissor.

Quando, então, Marcondes envia um comunicado a Freud para informá-lo da criação da Sociedade, não imaginava que tal decisão implicaria uma solicitação à IPA. Houve a ideia de trazer, nessa situação, o psicanalista Spitz (1887-1974), mas houve morosidade na correspondência em função da Revolução Constitucionalista, e tal demora foi interpretada por Spitz como uma perda de interesse e desistência de Marcondes – um desperdício de uma grande oportunidade da visita de alguém da importância teórica de Spitz.

Porém, em 1936, no congresso de Marienbad, Adelheid Koch, em conversas com Jones, ficou sabendo que no Brasil havia um grupo de médicos querendo receber estrangeiros. São Paulo não era totalmente estranha à família Koch, que possuía contatos pessoais com imigrantes judeus já instalados na cidade. Koch chega, então, ao Brasil e faz contato com Durval Marcondes, que a introduziu nos meios profissionais locais, publicou seus artigos, integrou-a como professora, apresentou seus primeiros analisados – foi a primeira analista didata da América Latina. Marcondes tinha sérias dificuldades nessas articulações por não ter sido analisado até então, embora tivesse estudado profundamente textos decisivos de Freud como "A interpretação dos sonhos"[8], "Delírios e sonhos na Gradiva de Jensen"[9] e "Leonardo da Vinci e uma lembrança de sua infância"[10].

Nesse período, Marcondes já havia conquistado uma parcela dentro da comunidade acadêmica do país por seus trabalhos e suas correspondências. Porém, algumas críticas continuavam a surgir. Uma delas, em especial, era a de que a psicanálise era um tratamento elitista, posto que São Paulo, lugar onde Marcondes mais atuava, era uma parte "nobre" do país. O psicanalista, então, apresentou a ideia de que seria possível, em um consultório de psicanálise, receber todos os que o procuravam, pois a estrutura necessária era (e ainda é) *simples* – um divã, uma mesa, uma cadeira etc. –, enquanto a psiquiatria fazia com que ele fosse obrigado a recusar alguns pacientes, justificando tal recusa pelo argumento econômico – o custo dos tratamentos químicos em voga exigia a criação de laboratórios e instrumentos caros.

Sagawa nos dirá que,

> Exceto evidência histórica contrária a essa constatação, o consultório particular de Durval Marcondes constituiu-se na primeira clínica psicanalítica no Brasil e, quem

---

[8]FREUD, S. (1900) A interpretação dos sonhos. In: FREUD, S. *Obras completas de Sigmund Freud*. Rio de Janeiro: Imago, 1996, vol. IV.
[9]FREUD, S. (1907 [1906]) Delírios e sonhos na Gradiva de Jensen. In: FREUD, S. *Obras completas de Sigmund Freud*. Rio de Janeiro: Imago, 1996, vol. IX.
[10]FREUD, S. (1910) Leonardo da Vinci e uma lembrança de sua infância. In: FREUD, S. *Obras completas de Sigmund Freud*. Rio de Janeiro: Imago, 1996, vol. XI.

> sabe, na América Latina. Além do mais, teve longevidade, sem qualquer interrupção, num período em que não teve pares e lutou muito para manter ativa sua clínica e conquistar credibilidade científica profissional no contexto local internacional.[11]

Enfim, após toda a sua luta, em 1924 Marcondes foi contratado como médico psiquiatra na Secretaria de Educação de São Paulo.

É notável que Durval Marcondes conseguisse compreender o caráter essencial do que é a psicanálise numa época em que a obra completa de Freud ainda estava em pleno desenvolvimento, modificando-se a cada novo livro e artigo publicado, assim como ainda era pequena a produção científica e intelectual do movimento psicanalítico internacional. Motivado por essa compreensão, ainda dentro da Secretaria de Educação Durval Marcondes e J. Barbosa Correia fizeram, em 1930, a tradução da primeira obra de Freud no Brasil, *Cinco lições de psicanálise*[12]. Em 1931, Freud enviou um cartão postal para Durval Marcondes:

> *Recebi sua tradução. A primeira no idioma português.*
> *Muito obrigado.*
>
> *Freud*[13]

[11]SAGAWA, R. Y. Durval Marcondes. *Coleção Pioneiros da Psicologia Brasileira*. Brasília: Conselho Federal de Psicologia; coedição, Rio de Janeiro: Imago, 2002, p. 29.

[12]FREUD, S. (1933 [1932]) Novas conferências introdutórias sobre psicanálise. In: FREUD, S. *Obras completas de Sigmund Freud*. Rio de Janeiro: Imago, 1996, vol. XXII.

[13]SAGAWA, R. Y. Durval Marcondes. *Coleção Pioneiros da Psicologia Brasileira*. Brasília: Conselho Federal de Psicologia; co-edição, Rio de Janeiro: Imago, 2002, p. 23.

Ainda em suas realizações, Marcondes, após os feitos acima citados, quando ainda não havia nenhuma organização cientifica ou profissional de atendimento às crianças escolares, tomou a iniciativa, lembra Sagawa, de criar um curso de especialização a ser realizado após a conclusão do curso de graduação, em que os alunos se ocupavam de alguns setores de atividade, como clínicas de orientação infantil, consultórios psicológicos, classes especiais para débeis mentais e um importante setor de pesquisa, ensino e divulgação. Com dados estatísticos importantes, Marcondes pensava que a infância constituía um momento particular da formação da personalidade do indivíduo e da sua adaptação ao meio social, sendo o "momento estratégico da luta contra as psicopatias"[14].

Ele constatou que o fracasso escolar era um dos graves problemas da educação e que certas causas desse fracasso eram de origem patológica, tanto física quanto psíquica, ou ainda social, quando não todas ao mesmo tempo. Ele pensava em prevenir, tratar e corrigir essas anomalias que impediam a adaptação da criança ao meio ambiente social. Nesse ponto, encontramos o modelo da psiquiatria clássica, aberta a três vertentes clássicas: organicista, psicológica e sociológica, completadas e misturadas com pressupostos freudianos, em particular pela apropriação das recomendações na sexta das "Novas conferências introdutórias sobre psicanálise"[15], de 1933, visto como um texto que apresentava o "'ideal de educação' pela prática da intervenção junto

---

[14]*Ibid.*, p. 137.

[15]FREUD, S. (1907 [1906]) *Delírios e sonhos na Gradiva de Jensen*. In: FREUD, S. Obras completas de Sigmund Freud. Rio de Janeiro: Imago, 1996, vol. IX.

à família e educadores para que 'um ótimo' deva ser encontrado pela educação de forma a contribuir mais e provocar menos danos", como nos lembra Valladares[16].

A Clínica de Orientação Infantil no Serviço de Higiene Mental Escolar – 1938 – foi a primeira experiência institucional da psicanálise quando, nessa época, Durval Marcondes recebeu a tarefa de organizar a assistência médico-pedagógica dos débeis mentais. Ele, porém, nunca deixou de nos dizer que as patologias graves não faziam parte de seu interesse. Mesmo assim, algo tão importante e clínico foi o fato de Marcondes inaugurar uma prática que teve um papel preponderante até hoje nas classes especiais destinadas às crianças anormais no ensino público. Em uma entrevista a Sagawa, em 1979, ele explica a amplitude de sua intenção e prática:

> Quando os outros tipos de crianças, as de inteligência normal, mas com problemas psicológicos, a escola também não fazia distinção nenhuma. Quando acabadas as aulas, a criança saía pelo portão da escola, ela não era mais aluna. Era moleque de rua. A escola ignorava tudo o que se passava na retaguarda emocional da criança, na sua vida familiar e social. E pretendia fazer "educação" dessas crianças, eu pus então a escola em contato com o lar. E trouxe para a esfera de ação da escola todos os problemas, todas as dificuldades da criança para sua adaptação psíquica e social. Alarguei, assim, o âmbito de intervenção da escola na vida afetiva da criança.[17]

[16]VALLADARES, C. L. M. O. História da Psicanálise, São Paulo, 1920-1969. São Paulo: Escuta, 2005, p. 143.
[17]SAGAWA, R. Y. Durval Marcondes. *Coleção Pioneiros da Psicologia Brasileira*. Brasília: Conselho Federal de Psicologia; coedição, Rio de Janeiro: Imago, 2002, p. 77.

Festejava-se o aspecto inovador da experiência, uma vez que foi dada a palavra à "criança problema" pela primeira vez. A proposta permitia ir até à casa da criança, interrogar a família e até as relações próximas – além do professor – com o objetivo de encontrar a etiologia psíquica das dificuldades percebidas na história de vida dessa criança. Com tais informações e com as referências psicanalíticas, cada elemento era analisado em conjunto, a equipe formulava um diagnóstico e, em seguida, decidia sobre que tipo de tratamento seria mais adequado para a tentativa de resolução do sofrimento da criança. Em agosto de 1945, o Correio Paulistano publicou esta notícia revolucionária: "Instalado em São Paulo o primeiro curso para débeis mentais. Assistência médico-pedagógica às crianças retardadas. Iniciativa da Seção de Higiene Mental do Serviço de saúde escolar."[18]

Outra grande contribuição das atividades clínicas de Durval Marcondes foi seu pioneirismo no estudo e no tratamento psicanalítico das doenças psicossomáticas. Sagawa nos sensibiliza a refinada compreensão psicodinâmica de Marcondes através de um comentário de Sagawa acerca da seguinte afirmação feita pelo próprio Durval: "*É preciso considerar que os sintomas corporais são muitas vezes determinados ou pelo menos* agravados por fatores de ordem psíquica inacessíveis ao tratamento medicamentoso e que os meios psicoterápicos vulgares nem sempre permitem combater.[19]" Diz, então, Sagawa:

[18]CORREIO PAULISTANO *apud* SAGAWA, R. Y. Durval Marcondes. *Coleção Pioneiros da Psicologia Brasileira*. Brasília: Conselho Federal de Psicologia; coedição, Rio de Janeiro: Imago, 2002, p. 82.
[19]SAGAWA, R. Y. Durval Marcondes. *Coleção Pioneiros da Psicologia Brasileira*. Brasília: Conselho Federal de Psicologia; coedição, Rio de Janeiro: Imago, 2002, p. 93.

> Eu fiquei muito surpreendido porque não sabia que na asma brônquica poderia haver motivação psicológica. Esta era uma revelação extraordinária para mim. O movimento hoje chamado Medicina Psicossomática apenas nascia naquele tempo nos Estados Unidos e na Europa. Eu queria até levar o caso a uma das nossas sociedades científicas para os colegas todos se aproveitarem daquela minha experiência. Mas um dos meus colegas mais íntimos aconselhou-me a não levar esse caso. Ele adiantou que os outros colegas diriam: esse é um caso só. Por isso era melhor esperar que aparecessem outros casos para ir com mais força de convicção.[20]

Marcondes se mostrava cada vez mais convicto das doenças psicossomáticas, citava as úlceras gástricas e duodenais, hipertensão essencial ou idiopática, infarto do miocárdio e, obviamente, as neuroses e psicoses. "É incrível que o médico desconheça os problemas da psicologia humana", declarou em maio de 1951. Mesmo com tamanha importância, Sagawa lembra que as contribuições de Durval Marcondes, infelizmente, ainda não são reconhecidas no meio científico brasileiro, além de seu notório saber erudito.

Na comemoração de seus oitenta anos na Sociedade Brasileira de Psicanálise de São Paulo, em um auditório lotado, ele termina assim sua fala:

> Eu tenho, por várias vezes, repetido a afirmação de que a humanidade ainda não entrou por completo na era freudiana da cultura. Isso só se dará quando tivermos verdadeiramente incorporado o conjunto dos instrumentos da civilização à compreensão psicanalítica da ética, da política,

[20]*Ibid.*, p. 99.

> da educação, enfim, daqueles elementos dinâmicos que regulam a transação do indivíduo com a coletividade e configuram a estruturação desta no seu todo.[21]

No fim de sua vida, Durval Marcondes chegou a fazer uma avaliação crítica da participação dos psicanalistas em uma "era freudiana da cultura". Segundo ele, tal participação continua sendo protelada, até hoje, em realizar-se enquanto tal.

Por fim, em 1977 encerra sua atividade no consultório e falece em 1981, deixando esse legado tão pouco lembrado, reverenciado e praticado. Entretanto, foi um psicanalista da sua época, digno deste nome a quem devemos uma memória e reverência.

[21] *Ibid.*, p. 146.

3...

Quando a inquietação e a criação se encontram com a psiquiatria e a psicanálise: a trajetória de **Maud Mannoni**

LEDA MARIZA FISCHER BERNARDINO

> O analista tomado pelo desejo de escrever
> busca testemunhar.
>
> *Maud Mannoni*[1]

Era uma manhã de inverno em Bonneuil-sur-Marne, cidade da região metropolitana parisiense. Minha primeira manhã de estágio na Escola Experimental de Bonneuil. Entro pela cozinha. Lá encontro uma senhora, elegantemente vestida, de cabelos estilo *chanel* e uma gentileza imensa: ela me oferece café. Aos poucos, outras pessoas chegam e descubro: acabara de conhecer Maud Mannoni em

[1]MANNONI, M. (1988) *O que falta à verdade para ser dita?* Campinas: Papirus, 1990, p. 135.

pessoa, servindo café! Uma grande emoção me toma, pois tratava-se da psicanalista que inspirara sobremaneira meu trabalho de jovem psicanalista em instituição.

Muitos anos se passaram, Maud Mannoni não se encontra mais entre nós, mas seu exemplo, suas obras e suas invenções continuam a marcar o campo da psicanálise. Por isso, é uma honra e uma satisfação escrever sobre sua vida e sua contribuição para este volume. Realmente, trata-se de alguém que mudou a psiquiatria de sua época e deixou marcas permanentes nos campos da saúde mental e da educação. Por ocasião de sua morte, Elizabeth Roudinesco escreveu a seu respeito: "Grande figura da psicanálise francesa, conhecida por sua coragem e por sua intervenção constante em favor dos marginalizados, loucos e excluídos"[2].

Vida

Nascida Magdalena van der Spoel, em Coutrai, Bélgica, em 1923, Maud Mannoni faleceu em Paris no ano de 1998. Sua vida foi marcada por mudanças de país e de língua, por rupturas drásticas, as quais a levaram, muito cedo, a buscar a psicanálise. Em sua autobiografia, Mannoni[3] relata como sua separação precoce de sua ama do Ceilão acarretou uma perda de referências radical em sua história de criança pequena; mostra, ainda, como a vida afetiva árida em uma família da alta burguesia belga foi marcante em suas dificuldades, além das mudanças sucessivas decorrentes do

[2]ROUDINESCO, E. "A psicanálise de feições humanas" In: Seção "Memória", caderno Mais!, *Folha de São Paulo,* 12 de abril de 1998. Disponível em: https://www1.folha.uol.com.br/fsp/mais/fs12049813.htm, acessado em 06/07/2019.

[3]MANNONI, M. (1988) *O que falta à verdade para ser dita?* Campinas: Papirus, 1990, p. 135.

trabalho de seu pai. Aponta, ademais, como as mudanças de línguas e de cultura afetaram sua trajetória do Ceilão à Holanda, passando pela Bélgica: em família falavam inglês, com a babá comunicava-se em cingalês, na Holanda o holandês, na Bélgica falavam francês.

Depois de estudar Medicina e se formar em Criminologia, realizou sua formação analítica e foi nomeada psicanalista da Sociedade Belga de Psicanálise. No período da guerra, ainda jovem praticante, trabalhou em um serviço psiquiátrico de crianças, e depois em um serviço de subúrbio, ambos na Antuérpia, onde realizou inovações que se revelariam preciosas para sua prática posterior, como o recurso ao teatro: "Trata-se, com efeito, para essas crianças, não de reencontrar uma língua, mas de despertar uma necessidade de fala [...]"[4].

Todas estas circunstâncias foram inspiradoras para a posição da psicanalista na vida, no trabalho e nas inovações que proporia mais adiante. São palavras de Roudinesco:

> A vida numa sociedade multicultural, o contato com um universo colonial e a experiência subjetiva dolorosa no seio de uma família na qual predominava a ausência de um amor verdadeiro levaram-na a se interessar por todas as situações de violência e ruptura: como reatar com a língua perdida da infância? Como superar os traumatismos inerentes a todas as formas de separação, a fim de libertar-se por meio da criação ou da integração?[5]

---

[4]*Ibid.*, p. 18.

[5]ROUDINESCO, E. "A psicanálise de feições humanas" In: Seção "Memória", caderno Mais!,*Folha de São Paulo,* 12 de abril de 1998. Disponível em: https://www1.folha.uol.com.br/fsp/mais/fs12049813.htm, acessado em 06/07/2019.

Após sua nomeação como analista, deveria ir a Nova Iorque, mas a passagem por Paris foi decisiva: Maud Mannoni fez encontros marcantes para sua trajetória e ali fundou seu lugar.

O primeiro encontro importante foi com Françoise Dolto e seu ensino *sui generis* no Hospital Trousseau, onde essa notável e corajosa psicanalista conduzia psicoterapias diante de médicos e analistas em formação: "[Dolto] trata a criança como pessoa responsável e autônoma e nos faz atentar para as diferentes posições desta nos momentos de tensão conflitual em que se encontra"[6].

Dolto será não só sua supervisora e grande impulsionadora do trabalho clínico, mas também será a família que acolherá Maud em Paris. É ela que irá lhe apresentar aquele que será seu companheiro de toda a vida: Octave Mannoni, psicanalista vinte e três anos mais velho, sua "figura paterna", mas também seu grande parceiro. O casal terá um filho, Bruno que, mais tarde, lhes dará um neto: Julien.

Outro encontro fundamental será com Lacan, com quem manteve relações importantes: ele foi seu analista, seu supervisor e grande apoiador de suas iniciativas; foi ele quem abriu caminho para suas publicações. Segundo sua indicação expressa, o primeiro livro escrito por Mannoni, *A criança atrasada e a mãe*[7], inaugurou a Coleção de Psicanálise das Éditions du Seuil, dirigida por Lacan.

---

[6]MANNONI, M. (1988) *O que falta à verdade para ser dita?* Campinas: Papirus, 1990, p. 31.

[7]MANNONI, M. (1964) *L'enfant arriére et sa mére*. Paris: Seuil, 1981. No Brasil está disponível como: MANNONI, M. *A criança retardada e a mãe*. São Paulo: Martins Fontes, 1999. Nota da editora: mantivemos no corpo do texto a tradução do título escolhida pela autora deste capítulo.

Ele apoiou e participou ativamente da "Jornada de Estudos sobre as Psicoses da Criança", idealizada e organizada por Mannoni. É ele ainda que lhe escreveu cartas carinhosas mesmo nos momentos mais tensos das cisões institucionais da Escola[8].

Além do universo francês, Mannoni estabeleceu um rico intercâmbio com Donald Winnicott em Londres, que foi também seu supervisor e interlocutor importante, influenciando sua forma de direcionar seu trabalho clínico e institucional. Com ele aprendeu que "é importante manter entre o analista e o paciente um espaço aberto à possibilidade do surgimento de uma verdade, verdade que não pertence a ninguém"[9]. E que "é com o paciente que nós temos tudo a aprender"[10]. Foi dele a ideia do encontro com Laing, que fez com que Maud Mannoni conhecesse a antipsiquiatria em toda sua irreverência, potência e limites, tal qual era praticada em Kingsley Hall. Desse encontro resultou o livro *O Psiquiatra, "seu" louco e a psicanálise*, no qual Mannoni[11] critica a psiquiatria de sua época, o lugar dado aos pacientes, o sistema asilar como um todo.

Sua abertura ao novo também deu início ao intercâmbio fértil com os psicanalistas sul americanos. Ela e Octave chegaram a visitar a Argentina a convite de Oscar Masotta, e conheceram ali Pichon Rivière, Bleger, Marie Langer, Armida Aberastury, entre outros.

---

[8]MANNONI, M. (1988) *O que falta à verdade para ser dita?* Campinas: Papirus, 1990, p. 166-169.
[9]*Ibid.*, p.45.
[10]*Ibid.*
[11]MANNONI, M. (1970) *O psiquiatra, seu "louco" e a psicanálise.* Rio de Janeiro: Zahar, 1970.

Apesar de seu sucesso no exterior e da circulação das publicações na França e no estrangeiro, quando faleceu, em 15 de março de 1998, Mannoni ocupava uma posição peculiar na psicanálise francesa: enquanto era repudiada pelos ex-colegas lacanianos, sua Escola Experimental de Bonneuil recebia analistas de todo o mundo para conhecer o trabalho psicanalítico com psicóticos e autistas e fazia história no acolhimento e no tratamento da loucura, o que me levou a escrever, sobre a "experiência-Bonneuil":

> [...] um marco no acolhimento e no tratamento da loucura, através da psicanálise – que vem servindo de S1 para várias experiências congêneres, que ampliou os horizontes da psicanálise às instituições e à comunidade – isto fez história e já faz parte da ordem da transmissão na cultura.[12]

Em seu artigo jornalístico, Roudinesco assim se refere a essa instituição:

> Para os jovens psiquiatras da quarta geração e para todos os estrangeiros que estagiavam em Bonneuil, a experiência era emblemática de um lacanismo de feições humanas, amparado na contestação da ordem vigente e aberto à vida social e à pluralidade teórica, como o demonstrará "Vivre à Bonneuil", filme rodado por Guy Seligman no final da década de 70.[13]

---

[12]BERNARDINO, L.M.F. "De uma instituição ideal a uma prática possível – efeitos de um (bom) encontro". *Estilos da Clínica,* 1998, vol.3, no.4, p. 85.
[13]ROUDINESCO, E. "A psicanálise de feições humanas" In: Seção "Memória", caderno Mais!, *Folha de São Paulo,* 12 de abril de 1998. Disponível em: https://www1.folha.uol.com.br/fsp/mais/fs12049813.htm, acessado em 06/07/2019.

Obra

Maud Mannoni foi autora profícua, como ela mesma diz. Após um período longo de exercício da prática analítica, sua análise com Lacan e a frequência em seus seminários vão lhe aportar "apoio teórico a partir do qual dar conta de uma longa experiência clínica"[14]. Desde então, inicia a escrita de uma série de livros, todos traduzidos em mais de cinquenta línguas. Em português podemos ter acesso a praticamente todos os títulos: *A criança atrasada e a mãe*[15]; *A primeira entrevista em psicanálise*[16]; *A criança, sua "doença" e os outros*[17]; *Um lugar para viver*[18]; *O psiquiatra, seu "louco" e a psicanálise*[19]; *De um impossível a outro*[20]; *O que falta à verdade para ser dita*[21] (sua autobiografia); *O nomeável e o inominável. A última pavara da vida.*[22]; *Amor, ódio, separação.*[23]; *A teoria como ficção: Freud, Groddeck, Winnicott, Lacan*[24].

---

[14]MANNONI, M. (1988) *O que falta à verdade para ser dita?* Campinas: Papirus, 1990, p. 111.

[15]MANNONI, M. (1964) *A criança retardada e a mãe*. São Paulo: Martins Fontes, 1999.

[16]MANNONI, M.*A primeira entrevista em psicanálise*. Campus: São Paulo, 2004.

[17]MANNONI, M. (1967) *A criança, sua "doença" e os outros*. São Paulo: Via lettera, 1998.

[18]MANNONI, M. (1976) *Um lugar para viver*. Lisboa: Moraes, 1976.

[19]MANNONI, M. (1970) *O psiquiatra, seu "louco" e a psicanálise*. Rio de Janeiro: Zahar, 1970.

[20]MANNONI, M. (1982) *De um impossível a outro*. Rio de Janeiro: Zahar editores, 1986.

[21]MANNONI, M. (1988) *O que falta à verdade para ser dita?* Campinas: Papirus, 1990.

[22]MANNONI, M. (1991) *O nominável e o inominável. A última palavra de vida*. Rio de Janeiro: Jorge Zahar Editor, 1995.

[23]MANNONI, M. (1993) *Amor, ódio e separação*. Rio de Janerio: Jorge Zahar ed., 1995.

[24]MANNONI, M. (1979) *A teoria como ficção, Freud, Groddeck, Winnicott, Lacan*. São Paulo: Campus, 1982.

Ainda não traduzidos ao português, encontramos: *Les mot ont um poids, ils sont vivants. Que sont devenus nos enfants fous?*[25]; *Elles ne savent pas ce qu'elles disent*[26]; *a apresentação de Devenir psychanalyste. Les formations de l'inconsciente*[27] e outros escritos em publicações coletivas.

Destas obras, algumas se destacam porque provocaram discussões, mudanças de postura clínica, serviram de exemplo e inspiração; e por isso nos deteremos nelas:

A criança atrasada e a mãe – um novo olhar para a debilidade[28].

É o primeiro livro de Mannoni, pelo qual a autora teve um apreço especial: "considero-o ainda hoje o melhor, o mais autêntico, o mais original"[29]. Sobre o conteúdo, ela diz: "Com este livro coloco em questão, em primeiro lugar, a debilidade mental, interrogando o modo pelo qual é vivida a debilidade pela criança e sua família"[30]. "Estudo ali a maneira com a criança, em alguns casos graves, é levada a moldar uma 'mãe de uma criança anormal' e algumas vezes a introduzir de modo sadomasoquista um tipo de relação simbiótica de que o pai se exclui"[31].

---

[25]MANNONI, M. *Les mots ont um poids. Ils sont vivants. Que sont devenus nos enfants "fous".* Paris: Denoël, 1995.
[26]MANNONI, M. *Elles ne savent pas qu'elles disent.* Paris: Denöel, 1998.
[27]MANNONI, M. Présentation. In: COSTECALDE, A.; GÁRATE-MARTÍNEZ, I.; LACHAUD, D.; TRONO, C. *Devenir psychanalyste. Les formations de l'inconscient.* Paris: Denöel, 1996.
[28]MANNONI, M. (1964) *A criança retardada e a mãe.* São Paulo: Martins Fontes, 1999.
[29]MANNONI, M. (1988) *O que falta à verdade para ser dita?* Campinas: Papirus, 1990, p. 37.
[30]*Ibid.*, p. 38.
[31]*Ibid.*, p. 39.

Trata-se de uma obra de um ineditismo clínico e teórico, que mudou a maneira de se abordar a debilidade mental e a psicose. Sobre esta importante produção, escrevi em outro momento:

> Em uma abordagem corajosa, Maud Mannoni (1966) se embrenha no campo da educação especial e do suposto "amor materno abnegado" para relatar uma experiência exemplar até então nunca explorada: a relação entre debilidade, deficiência e psicose. Melhor dizendo, Mannoni ilustra como a situação de deficiência do filho, principalmente os casos graves de deficiência, são abertos para a objetalização da criança enquanto objeto de gozo materno, em lares nos quais o pai geralmente demissiona e em sociedades que avalizam a entrega da criança à mãe. Ela é pioneira em abrir o campo da escuta e da psicanálise à educação especial, mostrando a possibilidade de separar debilidade de loucura, déficit cognitivo de dificuldade de constituir-se como sujeito.[32]

Educação impossível: as mazelas da educação e a burocratização das administrações nas instituições[33]

Maud Mannoni foi uma analista que não recuou diante da educação e suas mazelas, enquanto seus contemporâneos

---

[32]BERNARDINO, L. M. F. O psicanalista e as patologias da infância. In: KAMERS, M. MARIOTTO, R. M. M.; VOLTOLINI, R. (org.) *Por uma (nova) psicopatologia da infância e da adolescência*. São Paulo: Escuta, v.1, 2015, p. 64.

[33]MANNONI, M. (1973) *Educação impossível: as mazelas da educação e a burocratização das administrações nas instituições*. Rio de Janeiro: Francisco Alves, 1988.

psicanalistas afastaram as duas áreas. Ao contrário destes, Mannoni mergulhou neste campo, fazendo questão que sua instituição se nomeasse "escola", ao perceber o valor deste significante no campo da infância. A autora refere-se à "clareagem" psicanalítica da educação, uma noção que, como bem situou Kupfer, buscava "restringir a presença da psicanálise na educação, embora ela própria tivesse demonstrado, por sua prática em Bonneuil, que o alcance da psicanálise em uma escola poderia ser muito maior"[34]. Mannoni era enfática neste ponto: Bonneuil não era lugar de prática da análise, mas a psicanálise atravessava toda a montagem institucional.

Mannoni considerava que "a análise pode esclarecer a pedagogia assim como a psiquiatria e se achar desta forma na origem de mudanças importantes dos usos estabelecidos"[35]. Este livro é incisivo ao mostrar a disjunção entre o campo administrativo e o campo da ação em uma escola, o plano das resistências sendo ocupado pela burocracia, enquanto o desejo dos profissionais engajados tropeça com esta questão. Enfim, uma radiografia precisa do funcionamento institucional típico e da inércia que promove diante de mudanças necessárias.

A criança, sua "doença" e os outros[36]

Mannoni conta que este livro "foi escrito durante os anos em que eu tinha como interlocutores privilegiados Lacan,

[34]KUPFER, M.C.M. *Educação para o futuro. Psicanálise e educação.* São Paulo: Escuta, 2000, p. 117.

[35]MANNONI, M. (1988) *O que falta à verdade para ser dita?* Campinas: Papirus, 1990, p. 80.

[36]MANNONI, M. (1967) *A criança, sua "doença" e os outros.* São Paulo: Via lettera, 1998.

Dolto, e depois Winnicott e Laing"[37]. "Tento, a propósito da criança pela qual se veio consultar, pôr em evidência o que provém de um mal-estar coletivo"[38]. É nesta obra que Mannoni delineia a base de uma clínica psicanalítica com crianças atravessada pela teoria lacaniana. Trata-se de um livro cheio de exemplos da literatura psicanalítica e da clínica da própria autora, que desenvolvem conceitos esboçados por Lacan, como "fala plena" e "fala vazia", discurso, determinação significante e trata-se, também, do livro no qual encontramos um dos conceitos-chave propostos por Mannoni em seu trabalho, com grande inspiração em F. Dolto: o discurso familiar e sua incidência no lugar da criança, com a indicação clínica de situar o lugar da criança no discurso dos pais como passo preliminar de todo trabalho analítico com a criança. Esta mesma concepção aparece ilustrada em *A primeira entrevista em psicanálise*, na qual encontramos ricos exemplos clínicos, com indicações sobre a escuta de crianças a partir da teoria lacaniana. Estes dois livros, juntamente com os escritos de Françoise Dolto, constituíam a leitura elementar e incontornável dos jovens analistas lacanianos que se arriscavam a atender crianças nesta abordagem, então recém-chegada ao Brasil, nos anos 80, como foi meu caso.

Em maio de 1982, Maud Mannoni empreende uma nova aventura, desta vez diante da academia: apresenta-se diante de uma banca na Université Paris VII, composta por nada menos que: Jean Oury, Pierre Fedida, Pierre Kaufmann, Lucien Israel, e Julia Kristeva (presidente da banca), para

[37]MANNONI, M. (1988) *O que falta à verdade para ser dita?* Campinas: Papirus, 1990, p. 48.
[38]*Ibid.*, p. 45.

pleitear um doutorado pelo conjunto de sua obra. Sobre esta iniciativa, publicada em livro – *Le symptôme et le savoir*[39] –, ela diz:

> Defender um doutorado de Estado sobre o conjunto de meus trabalhos, após um trajeto de trinta anos fora da Universidade, tem valor de sintoma. Em meu desejo de ter meus trabalhos reconhecidos pela Universidade me sinto encorajada pelo exemplo de Freud. Ele também, mesmo tão afastado da opinião oficial, esperava ser reconhecido por ela.

Duas contribuições fundamentais

A Jornada sobre as psicoses da criança

Trata-se de uma iniciativa de Mannoni, apoiada por Lacan, que fez história na psiquiatria e na psicanálise da época ao reunir psiquiatras e psicanalistas da França e da Inglaterra para falar da criança e da psicose na infância. Nas palavras da autora:

> Em 1967, para tentar tirar a Escola Freudiana do seu torpor, tomo eu mesma a iniciativa (mas Lacan está de acordo) de organizar, com a ajuda de Ginette Rimbault e Christian Simatos, as *Jornadas de Estudos sobre as Psicoses das Crianças* (Paris, 21 e 22 de outubro de 1967).

Deste encontro resultou uma publicação: *Enfance aliénée: l'enfant, la psychose et l'institution*, em cuja Mannoni escreveu no prefácio da reedição do texto em 1984: "Os textos

---

[39]MANNONI, M. *Le symptôme et le savoir*. Paris: Seuil, 1983, p. 11 [tradução nossa].

reunidos em 1967 em torno do encontro em Paris de Laing, Cooper, Winnicott e Lacan permanecem surpreendentemente atuais"[40].

Mesmo hoje, em que vigora a lógica dessubjetivante dos sucessivos DSM, poderíamos resgatar a atualidade do que diz a autora em sua apresentação do livro em 1967: "Os fundamentos mesmos da psiquiatria clássica foram postos em causa neste colóquio: à classificação sistemática de entidades nosológicas, os autores preferiram substituir o estudo do sujeito que fala (deste sujeito que desaparece nas classificações)"[41].

Sobre esse encontro, Mannoni descreve: "Dois universos se afrontam nessa ocasião: a certeza dos franceses a respeito de um saber sobre a loucura e a interrogação dos ingleses a partir de uma identificação com o paciente (que os leva a fazer de maneira surrealista a apologia da loucura"[42]. Poderíamos dizer que os escritos de Mannoni representam bem o resultado da resolução deste dilema, pois a autora vai questionar o saber "científico" sobre a doença mental e, ao mesmo tempo, buscar o reconhecimento da palavra e do lugar dos pacientes debaixo dos rótulos alienantes, mas sem se deixar levar pela vertigem identificatória com a loucura.

Bonneuil: uma instituição "estourada", uma "escola experimental" e um lugar para viver

Trata-se da iniciativa inédita de criar uma instituição híbrida – nem só de saúde, nem só escolar, de permanência

---

[40]MANNONI, M. (1967) *Enfance aliénée – l'enfant, la psychose et l'institution.* Paris: Denoël, 1984, p. 7 [tradução nossa].
[41]*Ibid.*, p. 11 [tradução nossa].
[42]MANNONI, M. (1988) *O que falta à verdade para ser dita?* Campinas: Papirus, 1990, p. 56.

diária, mas sem internamento – fundamentada na psicanálise. Como disse Mannoni em sua autobiografia: "Uma paixão do inconsciente que me 'possui' e me leva à invenção"[43].

Em 1998, a revista *Estilos da Clínica* fez um dossiê inteiramente em homenagem a Maud Mannoni. Neste número, encontramos uma entrevista da psicanalista concedida a Leandro de Lajonquière e Roberto Scagliola. Ao referir-se a Bonneuil, Mannoni diz:

> Bonneuil foi fundado em 1969 e, desde o começo, foi pensado como um lugar à margem ou na contramão da medicalização própria das instituições hospitalares e, de igual maneira, daquilo que faz o sistema nacional de educação (Education nationale), isto é, do enquadramento de crianças psicóticas, débeis, etc., em um sistema especial de educação com o objetivo de lhes ensinar determinados conteúdos curriculares. O que sempre me interessou foi a introdução de uma forma um tanto marginal de funcionar e, mais ainda, de mantê-lo, apesar de sermos reconhecidos depois pelo sistema público de assistência social. Essa maneira marginal foi chamada posteriormente de instituição estilhaçada.[44]

Em sua autobiografia, Mannoni relata, referindo-se ao seu ato fundador: "Quanto a mim, não era feita para criar um lugar de 'curas". Isto aconteceu um pouco à minha revelia. Entretanto, nunca trabalhei o tempo todo como

---

[43] *Ibid.*, p. 80.

[44] DE LAJONQUIÈRE, L. & SCAGLIOLA, Roberto. "Conversando sobre Bonneuil. Entrevistas com Maud Mannoni, Marie-José Richer-Lérès e Lito Benvenutti". *Estilos clin.*, 1998, vol.3, no.4, p. 20-21.

analista, em consultório particular, e sempre tive necessidade de encontros e de mudanças para outras partes"[45].

O que a autora propõe é um tipo de instituição diferente, que não busca se perpetuar no instituído, mas que suporta ser questionada constantemente e pode ser abandonada quando necessário, bem como acolher os que saíram para uma nova estadia. Em sua defesa de tese, Mannoni assim se manifesta sobre sua noção de "instituição estourada":

> Esta noção visa proteger o paciente contra o perigo de institucionalização da sua "doença", perigo próprio à nossa época. Bonneuil pode ser comparada a uma 'cena' aberta para outros lugares, num contexto em que a instituição aceita, por um momento, ser vomitada pela criança. É porque a instituição aceita sua própria morte que se instaura, para o paciente, uma possibilidade de retomar em outro lugar um desejo por sua própria conta.[46]

Permito-me reproduzir aqui o que escrevi sobre Bonneuil nesta revista *Estilos da Clínica* supracitada e que testemunha meu encontro pessoal com esta instituição *sui generis*:

> A confrontação com a psicose infantil, marcada pelas palavras que faltam ou se manifestam estereotipadas, os comportamentos inesperados, as relações interpessoais quase impossíveis, tudo isto se fazia presente ali: a loucura não se encontrava contida com em outros locais onde tive a

[45]*Ibid.*, p. 80.
[46]MANNONI, M. *Le symptôme et le savoir*. Paris: Seuil, 1983, p. 21 [tradução nossa].

oportunidade de trabalhar, onde só se percebia o peso de seu abafamento.

Em Bonneuil, a loucura era mediatizada por elementos como:

- O grande número de "adultos" e seu desejo de ali estar;
- A estruturação dos ateliês (o planejamento das atividades, os rituais de começo e fim, referenciais identificando cada trabalho, a discussão entre o animador e os participantes sobre a experiência);
- A ligação do trabalho com uma teoria e um trabalho de pesquisa.[47]

Conclusão

No entendimento de M. Mannoni: "O paciente, longe de ser como frequentemente pretendeu a tradição psiquiátrica, um modelo para ilustrar a teoria, é aquele graças a quem as questões podem se colocar: no disfarce do sintoma, sob formas de enigmas a decifrar"[48].

Vale lembrar este posicionamento da autora nos tempos atuais, em que ainda encontramos muitos grupos psicanalíticos alijados da prática e da relação com a comunidade, totalmente entregues à discussão de fórmulas e grafos em um funcionamento endógeno que em nada contribui para a disseminação do poder subversivo da psicanálise e para sustentar seu lugar na pólis.

Na trajetória de M. Mannoni encontramos a prática do discurso do psicanalista em toda sua extensão: enquanto

---

[47]BERNARDINO, L.M.F. "De uma instituição ideal a uma prática possível – efeitos de um (bom) encontro". *Estilos da Clínica,* 1998, vol.3, no. 4, p. 82.

[48]MANNONI, M. *Education impossible.* Paris: Seuil, 1973, p. 13 [tradução nossa].

praticante, nunca recuou diante das mais extremas dificuldades dos pacientes; enquanto cidadã, nunca se privou de tornar públicas suas críticas e de tentar promover mudanças; enquanto desejante e criativa, inventou uma instituição, participou da criação de um grupo de formação de psicanalistas, e escreveu livros que levaram a público suas ideias, sua prática e sua ética.

Jean Oury: teoria e convicção

••• Carlos Parada

Como pode a psicanálise contribuir ao tratamento das psicoses? Como cuidar de um esquizofrênico, da sua dor e da sua originalidade a cada dia que começa? Eis algumas das buscas que nortearam o engajamento do psiquiatra e psicanalista francês Jean Oury. Nascido em 1924 e falecido em 2014, Oury acompanhou e participou das mais importantes mudanças que atravessaram a psiquiatria europeia do século XX.

A partir do século XIX até meados do século passado, o asilo tornara-se a principal razão de ser da psiquiatria. Além de proteger a sociedade e o paciente, a invenção do hospital psiquiátrico visava modificá-lo, tratá-lo. Ao findar a II Guerra Mundial, a psiquiatria francesa encontrava-se em profunda crise, visto que durante a ocupação alemã mais de 40.000 pacientes psiquiátricos morreram hospitalizados, enquanto outros, uma vez libertos, não apenas sobreviveram, como haviam reintegrado uma vida normal[1].

[1]Como o célebre caso Aimée, estudado por J. Lacan em sua tese de doutorado.

A experiência sofrida por muitos profissionais (enfermeiros, médicos etc) em campos de concentração nazista, também aguçara a crítica a toda forma de reclusão em coletividades. Entre 1945 e 1960, na busca de novas bases terapêuticas, a psiquiatria francesa conhecera simultaneamente o aparecimento dos tratamentos neurolépticos, a difusão da psicanálise e uma crítica do papel social da psiquiatria (movimento conhecido no Brasil como anti-manicomial). Foi a partir de uma análise exigente, um vasto conhecimento teórico, engajado na prática e audaz, que Oury acompanhara todos debates e combates de sua época sem jamais ceder à polarização extremada nem a simplificações. Enquanto uma parte dos profissionais, inspirados pela psicofarmacologia, postulava a etiologia orgânica exclusiva de todos os distúrbios mentais, outros passavam a afirmar a supremacia das origens psicodinâmicas da loucura afirmando que "tudo é psicológico"[2].

Incansável leitor de filosofia (sobretudo alemã) e de fenomenologia, Oury era também profundo conhecedor da psicanálise, tanto em seus princípios freudianos, quanto em seus desdobramentos propostos por Jacques Lacan (1901-1981). Junto à sua imensa cultura e formação psicanalítica, Oury afirmava frequentemente ser um neuropsiquiatra, e afirmava ainda, em tom severo, que todo psicanalista deveria conhecer os conceitos clássicos da psiquiatria.

Seus dois parâmetros inspiradores na atividade clínica sempre foram Jacques Lacan, de quem fora analisando e colaborador ocasional, e François Tosquelles (1912-1994), psiquiatra de origem catalã, refugiado comunista (membro

[2]Apesar da crítica ao asilo, na França raros foram os que reduziam a loucura a um fenômeno essencialmente social, como manifestação simples da intolerância de uma dada sociedade.

do anti-staliniano POUM : Partido Operário da Unificação Marxista) da guerra civil espanhola na França.

Na obra de Lacan, Oury encontrara as bases de uma compreensão psicanalítica capaz de abordar as psicoses. De fato, Freud possuía pouca prática com pacientes psiquiátricos, apesar de sua tentativa de aproximação com o psiquiatra suíço Eugen Bleuler (1857-1939), que descrevera e criara o termo esquizofrenia no início do século XX, e seu discípulo Carl Jung (1875-1961). Segundo Oury, Freud teria inclusive um certo medo do contato com loucos. Apesar do extraordinário desenvolvimento da psicanálise na França a partir de meados do século XX, até os anos 1980 raros eram os psicanalistas que se interessavam pela prática institucional do tratamento das psicoses. Alguns poucos praticavam sessões de psicoterapia psicanalítica para pacientes hospitalizados, enquanto a imensa maioria dos psiquiatras psicanalistas desertara os hospitais e fora praticar psicanálise em consultório particular. Oury fazia parte de uma minoria ativa, inicialmente marginalizada, de terapeutas psicanalistas que atuavam em instituição com a ambição de transformá-la – além de cuidar de psicóticos.

Já com Tosquelles, Oury encontrara as bases da criação de dispositivos institucionais capazes de receber esquizofrênicos em seu cotidiano. Com o psiquiatra catalão, a partir dos anos 1950, Oury participou ativamente do que se chamou na França de movimento de Psicoterapia Institucional, uma profunda reforma do asilo psiquiátrico constituída de "duas pernas: uma marxista e outra freudiana"[3]. Nesse movimento,

[3]Durante o texto, citações de outros autores aparecerão entre aspas. Termos e definições originais ou importantes na obra de Oury aparecerão em itálico.

a crítica institucional dos modos de decisões e da hierárquica alia-se a conceitos freudianos, levando em consideração noções como o inconsciente e a transferência (psicótica) na construção do cotidiano institucional.

No imediato pós-guerra, Oury fora residente em Saint-Alban, um longínquo hospital sob a orientação de François Tosquelles, onde ocorria uma pequena revolução psiquiátrica. Nesse período, ele pôde descobrir e experimentar instrumentos da reforma do tratamento psiquiátrico.

A partir dessa experiência, a principal contribuição prática de Oury deve-se à criação, em 1953, da Clínica de La Borde (perto dos castelos do vale do Loire) com a participação de seu amigo e filósofo Felix Guattari (1930-1992). Trata-se de um pequeno castelo do século XIX, situado em um belo parque aberto, onde vivem ou frequentam em total liberdade quase duzentos de pacientes psiquiátricos graves.

Apesar de seu aspecto libertário, a Clínica de La Borde não é " anti-psiquiátrica " nem faz parte desse movimento, bem ao contrário. Como já foi dito, Oury sempre revindicou ser neuropsiquiatra, ou seja: fazia diagnósticos, usava tratamentos químicos (inclusive eletrochoques). Esta *função médica* mantida muito além dos doutores pela instituição inteira – isto é, a função de tratar, diminuir a dor, evitar o suicídio etc – é frequentemente ignorada nas visões românticas do árduo trabalho praticado na Clínica de La Borde.

No movimento chamado Psicoterapia Institucional, a crítica está a serviço da luta contra os impedimentos normativos neuróticos, o que Oury chamava de "a-fagia" (para lacanianos: os devoradores de pequeno-*a*), que impedem o acolhimento do modo de ser esquizofrênico. Ou seja, além do tratamento químico, da escuta possível por um psicanalista em seu consultório, cuidar de um esquizofrênico implica sobretudo criar um ambiente de possíveis, de surgimento e de ancoragem do desejo no cotidiano dos pacientes (contra a apatia, a inércia e a angústia massiva). Desejo, transferência, acolhimento e cotidiano são termos essenciais na obra de Oury. Com o passar dos anos, a Clínica de La Borde tornou-se uma referência na França e no exterior. Apesar disso, sempre fora extremamente criticada por toda parte, tanto pelas autoridades sanitárias, quanto por diversos grupos de psicanalistas, por oponentes ao manicômio, e, enfim, pelo meio psiquiátrico tradicional. Em sua imensa maioria, as críticas inflamadas baseavam-se em posturas ideológicas (numa lógica binária, a favor ou contra) pouco fundamentadas na experiência clínica, por pessoas que conheciam pouco ou nada de La Borde[4]. Tenho por costume dizer (como para o Centre Marmottan) que La Borde não é um *modelo*, possuía suas particularidades que são próprias à sua história e seus vieses, porém La Borde é um *exemplo* de que é possível prover um tratamento humano da loucura, inspirado pela psicanálise[5].

---

[4]Tal foi minha experiência pessoal. Tendo trabalhado durante quase um ano em La Borde antes de fazer minha residência psiquiátrica em Paris no fim dos anos 80, conheci inúmeros autonomeados adversários da Psicoterapia Institucional que ignoravam totalmente o que se passava em La Borde, decretando entre outras inépcias que o psicótico não faz transferência etc.

[5]Há de se recomendar três documentários filmados em La Borde: *La moindre des choses* (1996), de Nicolas Philibert, um dos melhores retratos cinematográficos sobre a loucura. *Sous le bois des insensés, une traversée avec Jean Oury* (2016) de Martine Deyres, que realisa uma exelente entrevista com Oury. *Au jour le jour, à la nuit la nuit* (2017), de Annaelle Godard, que capta perfeitamente o ambiente da vida cotidiana na clínica.

O Clube Terapêutico, um instrumento diacrítico

Em Saint-Alban, como posteriormente em La Borde, construiu-se uma estratégia de tratamento da instituição via uma estrutura chamada Clube Terapêutico. Trata-se de uma associação paritária entre pacientes-profissionais, sem finalidade lucrativa, que gere e decide sobre a utilização de uma quantia real de dinheiro alocada pelo hospital ou clínica (até um terço dos recursos da instituição). Assim, através de assembleias semanais, todos podem participar das proposições da criação de um atelier bem como de qualquer outra atividade do cotidiano: seja uma visita, uma viagem, a fabricação de móveis, a limpeza dos quartos, dos lençóis, dos jardins, a ajuda na cozinha, a gestão da cafeteria coletiva etc. A estrutura do Clube permite o debate dos custos, do interesse que tal atividade representa, da sua organização concreta, da sua difusão e da decisão em criar, partilhar, criticar, transformar e interromper uma atividade. Na Clínica de La Borde não há profissionais de ateliers nem terapeutas ocupacionais, toda atividade faz parte da vida cotidiana que é notadamente intensa (sempre está acontecendo algo em algum lugar), variada e criativa. A própria gestão do Clube Terapêutico é uma atividade (contabilidade, assembleias, jornal de notícias do Clube etc). Esse simples mecanismo de Clube Terapêutico, de aparência anarquista de autogestão, é para Oury um instrumento de possibilidade de inscrição do desejo do paciente, partilhado com o do profissional, em uma vida cotidiana na qual favorece-se o acaso, sem o qual quase nada aconteceria. De fato, para ele, o esquizofrênico, como paradigma de outros pacientes, sofre de um cotidiano que não vai de si, imobilizado pela angústia e por um abismo com o real que o neurótico preenche com seus automatismos e sua alienação.

Oury participava pessoalmente de cada uma das assembleias do Clube. Ele possuía um estilo inigualável de escuta de cada uma das propostas, protestos, intervenções das mais disparates de cada membro da reunião, com uma seriedade profunda aliada a uma leveza bem humorada. Em La Borde, tudo que mobilizasse o desejo merecia ser acolhido com um "e por que não?" ao contrário do desdém de "isso é loucura" ou "aqui isso não é possível" das neuroses burocráticas cotidianas.

Diga-se que Oury tinha verdadeira ojeriza pela burocracia, que ele dizia ser o pior dos regimes angelicais que pretendem o bem de todos, em um mundo sem sexo nem gozo. Assim sendo, regularmente via-se em guerra, irritado, contra os fiscais da administração pública, que sob argumento de qualidade, segurança, ou higiene queriam proibir a participação de pacientes na cozinha (coletiva) da Clínica de La Borde, e protestava: "Afinal de contas, a psiquiatria não é um problema veterinário!".

Pode-se considerar quase como uma forma de filosofia Tao do cotidiano aplicada à instituição: em que qualquer atividade o caminho para realizá-la – de onde surgiu a iniciativa, como foi decidida, quanto foi aberta e partilhada com outros – conta tanto quanto o resultado. Por isso Oury dizia que "a pior coisa é um atelier que funciona bem há anos", pois tudo já está regulamentado, os territórios bem distribuídos e colonizados, nenhuma história nova pode ocorrer e o resto da instituição só existe para autorizar ou atrapalhar a tranquilidade dos membros do atelier que parece funcionar bem. O Clube Terapêutico é uma estratégia, um instrumento de desconforto institucional.

Em uma instituição, o desafio é manter o que chamava de *diacrítica*, ou seja: uma crítica que atravesse o tempo, o dia a dia, sem se acostumar, sem se cronificar. A cronificação dos pacientes é diretamente proporcional à cronificação da instituição e daqueles que nela trabalham. As regras e ambientes de um hospital psiquiátrico podem por vezes perturbar ainda mais um paciente, agravando sintomas e acrescentando comportamentos de tipo patológico, é o que Oury chamava de patoplastia. Tratar uma insitutição, liberá-la dos efeitos nefastos da reclusão, dos territórios de poderes e da repetição nefasta seria assim a base para começar a trabalhar em um hospital psiquiátrico, o "mínimo necessário".

Clínica da vida cotidiana

Oury considerava que, dia após dia, certos pacientes precisam encontrar o elo entre o estar no mundo e um sentido qualquer de se viver, afinal para quê e como me levantar cada manhã ? Para quê vou me cuidar, comer, encontrar o outro[6]? O tratamento psiquiátrico não pode contentar-se em ser apenas anestésico, e o papel da instituição não deve resumir-se em organizar o ambiente com a obsessão de impedir fisicamente a violência ou o suicídio. É o que ocorre ao visar impedir o suicídio apenas com regras (pijama o dia todo etc), portas, paredes e vigias: em nome da segurança cria-se uma instituição carceral, paranoica e estéril, na qual mais nada é possível. Quanto mais alto os muros do hospício que impedem de sair, mais difícil fica de poder adentrar nesse antro de loucos. Uma das críticas paradoxais à La Borde consistia em acusá-la de ser um lugar

[6]Ao descrever essas situações existenciais de infinita dor, Oury referia-se frequentemente à uma falha no *narcissismo primário* do esquizofrênico, conceito freudiano em geral pouco abordado.

acolhedor, atraente, onde o paciente se sente e bem e até quer vir e ficar.

Acrescente-se que impedir (por vezes necessário) não é cuidar, nem tratar (sempre bem vindo). Uma vez prescrito o tratamento químico, uma vez finda a sua sessão de psicoterapia, o que fará tal paciente o dia todo, a vida toda? Ocupar ou distrair o paciente esquizofrênico não basta, criar ateliers de animação ou ocupação é uma tarefa notoriamente insuficiente e ingrata, na qual o trabalhador (enfermeiro, terapeuta ocupacional etc.) tenta, em vão, substituir a dificuldade do paciente em habitar o mundo. Na Psicoterapia Institucional a aplicação da psicanálise não se resume em um instrumento de interpretação do comportamento dos pacientes (o que cria um ambiente paranoico, no qual tudo teria um sentido oculto a ser desvendado pelo profissional habilitado). Também não bastam esparsas sessões de psicoterapia. Afinal, como ouvir um paciente durante uma hora, de duas a três vezes por semana, sem levar em conta as vinte três horas restantes do seu sofrido dia? Para Oury, a teoria psicanalítica pode e deve contribuir a orientar as reformas do funcionamento da instituição.

Como dissemos, é através da criação de uma trama da vida cotidiana, em que vida e morte não podem se contentar em um jogo de faz de conta, ou ocupacional que se tenta ancorar o paciente esquizofrênico ou deprimido ao curso da vida. Trata-se de criar e multiplicar as possibilidades de inscrição de cada mínimo desejo que pudesse surgir, em uma polifonia cotidiana de relações com outros desejos. Por vezes digo que a Clínica de La Borde é uma espécie de aeroporto do desejo, onde alguns aterrissam e decolam, sem que o terapeuta/monitor seja o piloto, mas um tipo de facilitador de tráfego na torre de circulação.

Artesão de conceitos

Além da sua criação clínica, Oury é um teórico dos tratamentos possíveis da psicose, da maior importância. Desde 1971, todo sábado Oury ministrava um seminário clínico, à moda francesa, em La Borde. Diante de um pequeno grupo comentava suas leituras, descobertas, reflexões inspiradas por situações de uma clínica do cotidiano. Esse seminário era uma espécie de laboratório para Oury[7]. A partir de 1981, uma vez por mês, dava seu seminário no Hospital Sainte-Anne, em Paris, na mesma sala Magnan onde inicialmente o fizera Lacan, antes de mudar-se para a Escola Normal Superior. Nesse sentido, como Lacan, Olievenstein e tantos outros, Oury inscrevia-se em outra tradição francesa conjugando elaboração teórica e transmissão oral, com relativamente poucos escritos e pouca preocupação com uma simplificação didática. Durante toda sua carreira, Oury aplicou-se a procurar conceitos importando-os da filosofia, da física, da literatura, da mecânica de automóveis etc. Cria-se assim quase uma poética, uma catacrese conceitual, que almeja captar esse fenômeno infinitamente sutil e complexo chamado loucura. Por isso, por vezes suas explanações parecem imprecisas à primeira vista ou pouco científicas, sem as definições universais e reprodutíveis de um discurso científico oriundo da física e da matemática. Mas com frequência o leitor de Oury identifica suas considerações clínicas em seu próprio cotidiano, diante do inesperado, do absolutamente estranho de algumas situações com seus pacientes. A voz e a experiência de Oury com

---

[7] A Dra. Danielle Roulot, psiquiatra em La Borde e pouco conhecida do público, foi, sem dúvida, uma de suas principais assistentes e interlocutoras nessa elaboração permanente.

frequência sustentam o clínico na compreensão e invenção permanente no acolhimento da loucura. Por sinal, citando Lacan, Oury repetia incansavelmente: "não se deve recuar diante da psicose".

Durante anos debateu-se na França sobre a adequação da psicanálise ao tratamento de psicoses. Esta questão associa frequentemente duas problemáticas distintas: o processo de psicanálise tradicional e o seu uso institucional. Seria a psicanálise desenvolvida por Freud, em sessões regulares, associações livres, transferência etc uma técnica adequada para casos de psicose ou esquizofrenia? Por outro lado, como a psicanálise pode deixar o divã e participar do tratamento nos grupos, nos corredores, na cozinha, nos quartos de uma instituição sem se perder? Se hoje, para muitos, tudo isso parece possível, e até mesmo evidente, nos anos 50/60, para muitos analistas, noções como inconsciente, transferência e gozo não deveriam deixar o consultório de psicanálise. Vale lembrar uma polêmica que atravessou esses temas: a transferência do esquizofrênico. Era comum ouvir que esquizofrênico não faz transferência, ou que essa transferência é impossível de elaborar. Uma das contribuições de Oury foi postular o que chamou de "transferência dissociada" e "enxertos de transferência" de psicóticos. Segundo este autor, o paciente produziria uma transferência parcial, a céu aberto e massiva, sobre os diferentes empregados da clínica, sejam cozinheiros, jardineiros, enfermeiros ou... psicanalistas. "A transferência não respeita status, nem folha de pagamento", dizia. O trabalho da equipe consiste em considerar (o que se distingue de interpretar), essa transferência atomizada e inconsciente. Para isso um dos instrumentos de trabalho da equipe são reuniões regulares de síntese a respeito de um paciente, chamadas de *reunião de constelação*. Não se trata de um estudo de caso entre sábios, nem de uma suposta coordenação imperiosa de decisões e orientações a tomar sobre o paciente, mas do encontro e da troca de experiências entre qualquer um que sinta-se implicado com o paciente. Nessa ocasião, cada membro da constelação (independentemente de seu status ou diploma) divide com os presentes o que acontece entre o paciente e ele, o que fazem, como ocorreu tal situação etc. Nessas reuniões, é frequente sermos surpreendidos pela variedade de um quadro clínico que até então parecia monolítico, vista a massividade de cada faceta: tal paciente é animado com um, amorfo com outros, queixoso nos corredores, brincalhão na horta etc. Essa variedade de experiências reflete o que Oury chama de *transferência difratada ou dissociada*, a qual exprimiria a dissociação do próprio paciente e teria por efeito institucional frequente isolar os profissionais até a produção de clivagens entre eles. Permitir a cada um partilhar com seus colegas suas experiências subjetivas, em pé de igualdade, diminui o efeito de isolamento, alvo de *enxertos de transferência* do paciente.

Para Oury a esquizofrenia é o paradigma central do pensamento e da prática psiquiátrica. Uma instituição capaz de acolher esquizofrênicos será capaz de beneficiar praticamente todos os demais tipos clínicos. Mesmo havendo Oury repetido durante anos termos como psicoterapia institucional, clube terapêutico, enxerto de transferência, constelação etc., ele era um incansável inventor de novos conceitos e dispositivos no dia a dia. Dizia com frequência que assim como compusera a sua própria caixa de ferramentas, cada terapeuta deveria ter a sua, adaptada ao seu ofício, às suas próprias qualidades e que ela deveria ser forjada com os anos. Com o tempo, dizia, "as ferramentas se adaptam à mão do artesão".

Oury e o meio psiquiátrico

Se hoje Oury é uma figura respeitada e quase unânime nos meios psicanalíticos, durante anos fora hostilizado por não pertencer a nenhum grupo (apesar de sua proximidade com J. Lacan) e pelo seu exercício pouco ortodoxo da psicanálise. Como dissemos, na França, até meados dos anos 80, a maioria dos psicanalistas havia deixado o tratamento de psicóticos em instituição, preferindo o exercício em consultório privado. A experiência no XIII distrito (*arrondissement*) de Paris, conduzida por freudianos, fora durante anos uma das poucas e importantes exceções.

Do mesmo modo, a psiquiatria pública e a acadêmica viam-no com a mesma desconfiança, com o repetido e preguiçoso argumento de que a experiência da Clínica de La Borde (clínica gratuita porém de direito privado), apesar de interessante, seria intransponível para outras situações.

A partir dos anos 70, principalmente na Itália e Inglaterra, cresceram as críticas à psiquiatria, suas instituições e seus pressupostos psicopatológicos, sob a égide do movimento dito de antipsiquiatria. Na Itália, essa corrente respaldada em uma lei dita antimanicomial praticamente proibiu a hospitalização de pacientes psiquiátricos, fazendo do asilo e dos tratamentos clássicos o pior dos males impostos aos loucos. Neste período, filmes como *Um estranho no ninho* tratando do arbitrário psiquiátrico e da lobotomia, livros como *Manicômios, prisões e conventos* do sociólogo Erwin Goffman ou *História da loucura* de Michel Foucault, ou ainda autores como Thomas Szazs, Ronald Lang ou David Cooper, muito contribuíram para a criação de uma oposição e desconfiança da psiquiatria e de suas instituições.

Apesar de sua implacável crítica ao asilo psiquiátrico, Oury considerava as teses antipsiquiátricas um tanto demagógicas, demasiado simplistas e desprovidas de psicopatologia que pudesse ajudar a abordar um paciente para além do senso comum. No Brasil, a partir dos anos 80 – após anos de intercâmbio de profissionais brasileiros com os centros de tratamento de Trieste-Itália (projeto amplamente financiado pela Comunidade europeia) – essa doutrina ganhou grande influência prática e ideológica diante do estado calamitoso dos hospitais psiquiátricos no país. Para grande desagrado de Oury, muitos imaginavam que a Clínica de La Borde, por sua liberdade de circulação, sua criatividade, seu aspecto de autogestão, fosse uma experiência antipsiquiátrica. Ora, como já dissemos, Oury sempre revindicou-se neuropsiquiatra e psicanalista e considerava seu trabalho como "uma autêntica psiquiatria, uma vez feita a assepsia do que contamina as instituições e a impedem de trabalhar". Em suma, Oury acreditava e demonstrava na prática que o tratamento em instituição podia ser benéfico – e necessário – para muitos pacientes, mas que isso exige um importante e permanente trabalho com bases clínicas e políticas capazes de considerar tanto o sofrimento, a patologia como as implicações de poder. Era isso que chamava (com Tosquelles) "as duas pernas da psicoterapia institucional: Freud e Marx".

Oury, La Borde e o Brasil

Oury tinha laços afetivos profundos e antigos com o Brasil. Poucos sabem que um de seus melhores amigos e mestres da juventude fora o crítico de cinema e militante Paulo Emílio Salles Gomes. Oury falava com grande afeição desse intelectual brasileiro, que conhecera durante seu exílio em Paris nos anos 50. Através dele, mantivera uma longa amizade com sua esposa e escritora Lygia Fagundes Telles.

Se nos anos 80 o filósofo Felix Guattari já era bem conhecido e influente no Brasil, pouco se falava e pouco se conhecia da Psicoterapia Institucional e de Oury no país.

Seguindo os passos da psicóloga e psicanalista paranaense Marly Alves Daolio (em 1985), fomos dos primeiros brasileiros a viver e trabalhar (1987) em La Borde, onde já trabalhava o também psicanalista brasileiro Amaro Villanova. Desde então, esse impulso nunca mais parou. Ininterruptamente, durante mais de trinta anos, La Borde recebeu centenas de brasileiros, muitos fizeram estágios, outros trabalharam lá durante anos criando laços profundos com o Brasil. Nesse intercâmbio, diversos grupos de pacientes da Clínica La Borde vieram visitar o Brasil, acompanhados pela psicóloga baiana, radicada na França e que lá trabalhava, Maria Medeiros Bezerra.

Hoje, no início do século XXI, Oury, La Borde e alguns princípios da psicoterapia institucional são bem mais presentes no Brasil e participam dos debates sobre o papel dos hospitais psiquiátricos, da utilidade da psicanálise no tratamento de pessoas com distúrbios mentais graves.

Enfim

Para muitos dos que reformaram a psiquiatria francesa, a obra e o personagem de Jean Oury eram uma referência, uma fonte de estímulo e de inspiração. Como Tosquelles, Oury dizia sempre que em psiquiatria é necessário trabalhar *a dupla alienação:* social e subjetiva. Não se pode trabalhar em psiquiatria sem uma crítica da sociedade e de sua exclusão, nem exercer sem implicar-se com o paciente, com os destinos da instituição. "Louco aquele que se toma por alguém", dizia dos que dizem "eu sou o diretor, sou o médico, ou sou o terapeuta etc.", acrescentando "esse está perdido". Quanto à alienação subjetiva, o importante é não ser dúbio, considerar que, tanto pacientes quanto profissionais, somos todos seres divididos, atravessados por correntes inconscientes e portadores de nossa singularidade. Por isso, Oury repetia que uma das questões fundamentais a cultivar quando se trata de loucos é a seguinte: "Mas o que é que eu estou fazendo aqui?". Pergunta que se pode fazer a todos, mas só se pode responder a si mesmo.

Félix Guattari
e a Esquizo-Análise[1]

••• Christian Ingo Lenz Dunker
••• Pedro Paulo Rocha

Este capítulo compreende um ensaio introdutório às ideias de Félix Guattari, escrito em estilo histórico e conceitual, escrito por um psicanalista, seguido de um ensaio sobre a relação entre esquizoanálise e psicanálise, escrito por um esquizoanalista.

1. Introdução

Félix Guattari não era psicólogo ou psiquiatra, mas junto com Gilles Deleuze fundou uma nova perspectiva clínica conhecida como esquizo-análise. Nascido em 1930 e falecido em 1992 ele atravessou praticamente todas as tendências revolucionárias que compunham a vanguarda dos anos 1970 sendo profundamente influenciado pela psicanálise, pelo marxismo e pelos movimentos institucionalistas que renovaram a psiquiatria francesa a partir do trabalho

[1]Arranjos textuais de Laila Manuelle.

de Tosquelles. Guattari foi um dos primeiros a repensar as relações de poder no interior do tratamento da alma. Sua longa análise com Lacan, a quem entregou os manuscritos de *O Anti-Édipo*, foi permeada por inúmeras intervenções em seus seminários, bem como na Escola Freudiana de Paris. Ao lado de Jean Oury fundou o hospital de *La Borde* em Cours-Cheverny, aplicando os princípios de auto-gestão e de horizontalização entre a equipe médica e pacientes. Ao lado da antipsiquiatria inglesa de Cooper e Laing e do projeto de Basaglia em Trieste-Goritzia, a crítica institucionalista francesa deu impulso a diversos programas de reforma psiquiátrica por todo mundo. Retomando o pensamento de Franz Fanon, que mostrara como os processos de colonização e de branqueamento haviam atravessado a psiquiatria oficial, recolhendo as teses do movimento ecologista nascente e do pós-marxismo dos anos 1970, Guattari pretendia renovar radicalmente a abordagem clínica.

2. Ensaios de Esquizo-análise

Examinemos inicialmente as teses contidas em *O Inconsciente Maquínico: ensaios de esquizo-análise*[2] que é apresentado como uma crítica de programas clínicos universalistas, ao qual se propõe que:

> Inversamente, o pensamento dos agenciamentos e dos maquinismos moleculares deveria conduzir-se à colocação em relação de prática de toda natureza que se situem na perspectiva de mutações e transformações das ordens existentes.[3]

---

[2]GUATTARI, F. (1979) *O Inconsciente Maquínico: ensaios de esquizo-análise*. Campinas: Papirus, 1988.
[3]*Ibid*., p. 16.

Desta pequena afirmação depreende-se uma série de elementos da estilística e da conceitografia de Guattari. Ele se apresenta frequentemente como um pensamento opositivo. O emprego de expressões como "maquinismo" e "agenciamentos" antes de uma definição formal dos mesmos é parte da ideia de que a filosofia deve criar conceitos segundo seu contexto e utilidade, sendo o esforço definicional submetido aos seus fins contextuais e pragmáticos. O conceito de molécula refere-se ao plano no qual a cosmologia de Deleuze e Guattari operam, ou seja, nem as transformações molares, de tipo macro-institucionais, próprias da política tradicional, nem as mudanças abstratas, típicas do horizonte intelectual ou universitário. O termo forte na frase acima é "prática" e sua qualificação generalista orientada para efeitos que se opõe à ideia de ordem.

Lembremos como aqui se apresentam as três principais influências dos autores de o *Anti-Édipo* (1) Nietzsche, o teórico das forças e da vontade de potência, crítico do platonismo e da moral do rebanho, (2) Espinoza, de qual se extrai a noção de fluxo (derivada da de *conatus*), noção de encontro como instância de determinação (agenciamentos) dos fluxos do devir em diferentes circuitos de linguagem (máquinas) e (3) Hume, como ancestral da análise pragmática das ideias e das ficções base a partir da qual se propõe o empirismo transcendental.

O ponto de partida do *Inconsciente Maquínico* é a crítica do imperialismo estruturalista, que em seu método de dualização produz entidades de modo "binarizante". Em Saussure são os pares língua/fala, significante/significado, em Levy Strauss são os mitemas narrativos e suas formalizações lógicas. Em Althusser são os opostos ideologia/crítica, macro/infraestrutura. Até mesmo em Foucault se encontrará a oposição entre sua primeira abordagem arqueológica, volta para a reconstrução e estrutura de saber e o segundo momento de sua obra no qual se estuda a genealogia do poder. Mas é certamente o binário lacaniano formado por significante/significado que se situará no centro da divergência.

Contra este modelo estrutural, com suas inúmeras variantes Guattari proporá o recurso ao pragmatismo americano de Peirce, que pensa os processos de semiose como um fluxo interpretativo a três termos: o ícone, o índice e o símbolo, ou a primariedade do signo, sua secundidade e sua terceiridade. Noam Chomsky, este herdeiro e continuador de Saussure será trazido para materializar ainda mais a abordagem a linguagem, agora dividida entre competência biológica, que a criança tem para falar qualquer língua e a performância cultural, que especifica uma gramática local.

Esta crítica da semiologia de base da psicanálise de Lacan faz parte de uma estratégia mais geral de inversão do platonismo, agora aplicado à clínica. A ruptura com a metafísica, que em Platão se mostra por oposições entre sensível e inteligível, ou entre essência e aparência, que em Aristóteles se mostra em categorias como matéria e forma ou ato e potência, implicaria a retomada de uma tradição paralela nos estudos sobre a linguagem, justamente representada pelos megáricos e estóicos que se ocuparam de criticar a estrutura proposicional, e a noção de ser a ela imanente, como preconcepção não necessária para o entendimento da linguagem. Em vez da forma sentencial, que articula sujeito, cópula e predicado, por exemplo na frase "A árvore é verde", um megárico defenderia que a forma mais justa de representar o devir e o fluxo deste vegetal na forma "A árvore verdeja", sendo o verde um traço e seu ser neste plano de imanência.

Isso significa conferir privilégio ao acontecer em detrimento do ser, e a suspensão dos universais, em função dos fluxos.

A semiose é um campo de forças cujo vetor é o poder indica que os encontros entre corpos (termo espinozano que substitui o sujeito ou o ser), são sempre políticos, ainda que felizes ou infelizes nas paixões que realizam. A semiose, ou seja, o fluxo de signos se dá por agenciamentos que são sempre políticos. Cada signo porta um "quanta" de possível, capaz de combiná-lo mais ou menos. Isso comporta uma crítica à noção lacaniana de sujeito[4] definido relativamente ao significante conforme a fórmula "um significante representa um sujeito para outro significante". Com isso os níveis de existência são substituídos por níveis de consistência, molar, molecular ou abstrato. Em cada nível há um tipo de efeito, por exemplo, por ressonância ou por interação, e não apenas por representação conforme se observa na definição lacaniana.

A tipologia sígnica de Guattari pretende ultrapassar a clássica descrição de Peirce composta por ícones, índices, símbolos, significantes, significados, diagramas, a-significantes. Em cada campo há uma força de territorialização dos signos e outra de desterritorialização. As máquinas são então agenciamentos de signos, nesta semiologia ampliada, capazes de estabilizar e reproduzir determinados agenciamentos. A esquizo-análise é uma forma de análise, semelhante portanto à psicanálise, mas que parte da quebra e da decomposição das máquinas de territorialização, que tornam, por exemplo, sedentário o devir nômade dos sujeitos, fixando-lhe modos de vida, no trabalho, no desejo e na

[4] *Ibid.*, 41

linguagem. O espaço do signo para Guattari é a aparência, sendo o rosto humano sua paisagem fundamental.

Ora, o predomínio de máquinas binárias, universalizante e sedentárias pode ser atribuído a uma espécie de estratégia genérica do capitalismo. Este modo de fazer e de produzir faz apelo a redundância binária. Ele é uma máquina de territorialização, de fixação de um fluxo semiótico num binário, não havendo, depois disso acontecimento verdadeiro. A novidade-surpresa do acontecimento é pré-fixada pela territorialização, que é antes de tudo uma redução por informatização do signo. A desterritorialização é uma pragmática do cruzamento dos signos fora do rizoma padrão.

Uma vez feita a crítica da espacialidade do signo passamos ao tempo. A fixação do tempo do signo é o ritornelo, esta espécie de estratégia de composição musical que repete frases e versos, desde os madrigais italianos do século XV. Desta maneira a temporalidade do signo é aprisionada por máquinas cuja gramática fundamental é a repetição e não a diferença.

Guattari recorre à etologia e à psicologia comparada para expandir a semiologia de base da psicanálise de Freud, baseada na noção de representação e a semiologia de Lacan, fundada no significante. Exemplo etológico de territorialização

Encontraremos no modo como babuínos estabelecem sua hierarquia sexual em defesa coletiva do território. Assim também o ramo de grama para a os pardais passa de signo-nidificação à signo-acasalamento por meio de desterritorialização inter-específica[5] ou de resterritorialização pela memória do signo.

[5]*Ibid.*, 132.

O procedimento clínico elementar da esquizo-análise é a cartografia, ou a arte de produzir mapas desejantes com agenciamentos de signos em devir. Por meio dela o desejo pode ser apreendido em sua lógica de produção, não em sua lógica de falta, como argumentaria Lacan:

> Portanto, para nós a questão está em apreciar o que é efetivamente a economia do desejo, num nível pré-pessoal, num nível das relações de identidade ou das relações intra-familiares, assim como em todos os níveis do campo social.[6]

Um rizoma é um destes tipos de mapas arbitrários que convoca o desejo a produzir sua cartografia. Todo rizoma se compõe de maquinismos. Por exemplo, o rizoma do cerco fóbico pequeno Hans[7] produzia um corpo sexuado retido em uma redundância de interação entre o nível molar da casa familiar e o plano molecular do tornar-se corpo social, frequentando a rua, onde estavam os cavalos com suas carroças, os trens com seus caminhos. O desejo é um maquinismo mutante, ele não é idêntico a si mesmo ao longo de seu fluxo. Por isso ele pode regredir ao plano molar quando se sente culpado por habitar a cama dos pais, quando experimenta seu desejo (de sair) como vergonhoso ou quando nota o traço particular de sua amiga Marield como um traço diferenciante. Essa regressão segue-se pela assunção de traços da aparência materna, resíduo de seu encontro com as carícias edipianas. O cúmulo da desterritorialização, expressa

[6]GUATTARI, F.; Rolnik, S. *Cartografias do Desejo*. Petrópolis: Vozes, 1986, pag. 240.
[7]GUATTARI, F. (1979) *O Inconsciente Maquínico: ensaios de esquizo-análise*. Campinas: Papirus, 1988. pág: 149.

pelo sintoma da angústia, faz como que ele produza um tornar-se imperceptível, culpado, animal. As interpretações de Freud retêm a redundância de ressonâncias que produzem uma aparência de transferência por meio da qual a vergonha e a culpa se tornam desejáveis. Para a esquizo-análise o sintoma nunca é um déficit ou uma repressão, mas um desejo de produzir. No fundo e ao cabo a cura de Hans teria sido o equivalente de um processo de redução de sua metafísica canibal, por meio do qual sua substância semiológica se teria esvaziado[8]. Sintomas são redundâncias de significação, de representações ou de modos de vir a ser sujeito. Há redundâncias a-significantes, designativas ou referenciais, cuja solução passa pelo agenciamento em novas máquinas desejantes, logo novos agrupamentos de signos e de qualidades de signos. Disso se depreende que a interpretação não deve ser uma tradução que altera sua expressão restituindo e mantendo o significado, mas uma alteração do registro mesmo de agenciamento dos signos, daí a importância de trabalhar com uma diversidade de modos de expressão e de fazer, não apenas com a expressão oral em situação de associação livre, em espaço fechado.

A esquizo-análise maquínica objetiva gerar novos sentidos maquínicos ao passo que a esquizo-análise transformacional pretende a criação de novos maquinismos. O complexo de Édipo teria sido, assim, uma máquina criada pela psicanálise que permite tornar visível o rizoma desejante, mas que ao mesmo tempo conforma e fixa o desejo à sua forma paranoica, universal e binária.

Os oito princípios da esquizo-análise, apresentados por Guattari neste livro são derivações interessantes e

[8] *Ibid.*, 215.

delineiam bem o que se poderia entender como uma prática esquizo-analítica:

1. *Não impedir*. Uma releitura da noção psicanalítica de associação livre, mas que desta vez coloca a resistência do lado do analista como queria Lacan.

2. *Quando acontecer alguma coisa isso prova que acontece*. Uma valorização da ideia de acontecimento em contraste com a noção de representação, ideia que encontrará seu correlato, nas teses de analistas anglo-saxônicos de que certos pacientes não precisam apenas de interpretações, mas de acolhimento (*holding*) como advogará Winnicott, ou de uma transferência mais autêntica (Kohut), ou de maior reciprocidade de afetos (Ferenczi), ou seja, a clínica não apenas lida com a falta pregressa e lembrada da elaboração e certas experiências, mas ela provê, cria ou estabelece experiências novas e de certa maneira produzidas a partir do encontro analítico.

3. *Não se excita melhor o inconsciente no divã*. Que denota o reconhecimento de que a escuta e o encontro são soberanos em relação à geografia institucional e instituída na qual se prevê o uso do inconsciente. Aqui a escuta de rua, o acompanhamento terapêutico e tantas outras práticas que se popularizaram a partir da psicanálise, principalmente quando se pensa o trabalho em saúde mental se encontram antecipadas pela esquizo-análise.

4. *O inconsciente compromete quem se aproxima*. Que exprime a tese de que o inconsciente é um acontecimento político, de que a relação de poder, em seus diferentes níveis discursivos e disjuntivos devem sempre acompanhar a

atividade do clínico. Pensar o poder que se exerce ou que se recusa nos dispositivos é tarefa primeira permanente da esquizo-análise.

5. *As coisas importantes não acontecem onde as esperamos*. A abertura para a experiência fora do *setting* ou enquadre previsível, mas principalmente para a re-interrogação dos fenômenos clínicos e das modalidades de sofrimento, silenciosas, invisíveis e ainda não agenciadas se mostra aqui uma fértil intuição esquizo-analítica.

6. *Há diferença entre a transferência significante e a a-significante*. Outra indicação de que é preciso ultrapassar os modos de linguagem ou de semiose da psicanálise convencional. Não apenas palavra falada engendrando o sujeito suposto saber, mas também modalidades a-significantes. Curiosamente é o que pretendia Lacan ao reformular sua teoria da transferência acrescentando a ela a dimensão do objeto *a*, agalma, a-significante.

7. *Não há nada adquirido*. Aqui reencontramos um sub-rogado da tese espinozana de que tudo está dado e a noção de uma educação ou aprendizado que acrescentaria signos ou pensamentos a um espírito organizado como uma tela branca informe não é defensável. Em sua crítica à tipologia cartesiana das ideias, inatas, adventícias ou fictícias o autor do *Tratado Teológico Político* introduz o inatismo, inicialmente atinente ao cogito, como uma generalidade para todo o ser.

8. *A ideia de princípio é suspeita a priori*. O princípio do anti-princípio, da ironia, da desidentidade a si e à próprias formulações ao modo de grandes sistemas dedutivos,

que se expressa mais que adequadamente aos sistemas de transmissão da clínica e do tratamento.

3. Esquizo-análise e psicanálise

Como experimentar a máquina Guattari em campo psicanalítico, sem antes mudar a análitica, sem antes inventar novos dispositivos? O que pode acontecer, o que acontece, em tal cruzamento maquínico entre Guattari (Deleuze)Lacan?

A força do dispositivo do *ensemble* entre G(D)L é de um desacordo-acorde-dissonante, ruidocrático. O som desse ruído possível não deixa intacto o lacanismo, nem as linhas acadêmicas de Deleuze/Guattari. Não há uma resolução teórica conceitual, que roteirize tal prática dissonante entre esquizoanálise e psicanálise. Apenas se *connecta* tal acontecimento no horizonte do virtual possível, para a experimentação de outros modos ético-estéticos de existência: devires, impensáveis, irrepresentáveis, porvires.

A esquizoanálise desata o nó lacaneano, libera as linhas da psicanálise: subversão, perversão total, criação voluptuosa, diante do Teatro Ocidental, que dissimula o desejo no palco da falta e do não-gozar. Ao gozar nada falta. "Ao desejo nada falta. Desejo é Imanente!". ***No lugar de nó, a análise das linhas, LINHAS DE FUGAS,*** "temos tantas linhas emaranhadas quanto a mão"[9]. Têm-se: 1) Linhas de segmentaridade duras, molares; 2) linhas de segmentaridades reflexivas, moleculares, de desvios, de fluxos, de quanta, que passam por baixo do segmento do duro, "um limiar é ultrapassado e não coincide com o segmento das linhas mais visíveis"; 3) linhas abstratas, de gravidade e celeridade, de

[9]DELEUZE; G. PARNET, C. *Diálogos*. Trad. Eloisa Araújo Ribeiro, São Paulo: Escuta, 1998, p.102.

fuga e declive, de destinação não prevista, linha misteriosa, "mais estranha", "que pode, ou não, se destacar das outras linhas", o contrário de um destino, uma linha anterior que arrasta as outras, linhas de rupturas. ***Ao invés de significantes, signo-partículas e intensidades, moléculas, vetores loucos,*** "essas partículas da física contemporânea, virtualizadas pela teoria e que se conservam sua identidade durante um tempo ínfimo."[10] **Sem interpretações agora, mais experimentações.**

> A esquizoanálise renuncia a toda interpretação, porque renuncia deliberadamente a descobrir um material inconsciente: o inconsciente não quer dizer nada. Em contrapartida, o inconsciente faz máquinas, que são as do desejo, e das quais a esquizoanálise descobre o uso e o fundamento na imanência da relação dela com as máquinas sociais. O inconsciente nada diz, ele máquina. Não é expressivo, ou representativo, mas produtivo. Um símbolo é unicamente uma máquina social que funciona como máquina desejante, uma máquina desejante que funciona na máquina social, o investimento da máquina social pelo desejo.[11]

O maior bloqueio seria deixar a esquizoanálise sob o controle das práticas psicanalíticas, já que, por evidência, a esquizo é um estilhaçamento sem precedentes. Todos os diagnósticos psicanalíticos são desconstruídos nela. Mesmo que no Anti-Édipo performatize-se o teatro de

[10]GUATTARI, F. (1979) *O Inconsciente Maquínico: ensaios de esquizo-análise*. Campinas: Papirus, 1988, p. 43.
[11]DELEUZE, G.; GUATTARI, F. *O anti-Édipo: capitalismo e esquizofrenia 1*. Tradução de Luiz B. L. Orlandi. São Paulo: Ed. 34, 2010, p. 239.

uma psicanálise militante – e Lacan seja chamado de o "mais esquizo dos psicanalistas", e Édipo se espalhe ainda por todo o livro, e mesmo que a psicanálise ainda esteja no centro para ser desedipianizada – a Esquizo-análise implica esta experimentação de uma desterritorialização absoluta do inconsciente psicanalítico.

A esquizo já é uma *trans*, antes de ser reprogramada no circuito da psique – decalcada do teatro grego. É devir-anarquista, poético, insurrecional, incapturável. Se faz uma prática permanente do desejo, coletiva, estética, micropolítica, ética. ANÁLISE DE LINHAS. CARTOGRAFIA. RIZOMÁTICA. DIAGRAMATISMO. MICROPOLÍTICA. PRAGMÁTICA. A ESQUIZO-ANÁLISE tem muito nomes e **devir** ganhar novos, *trans*nomes.

Qual é a singularidade, a alteridade radical, do inconsciente maquínico da esquizo-análise?

Não bloquear. Fazer passar. Ligar, agenciar, maquinar. O potencial do *KAOZ* na produção de superfícies de criação. O que já é manifesto, traça matérias incapturáveis, faz máquinas de experimentação, já descentralizadas da figura, do objeto, do ser, e nem percebemos que estamos sendo deslocados. Não sabemos "o que não se sabe?". O núcleo maquínico molecular cria interações de ressonâncias, desfaz as redundâncias binárias. O pensamento escorre, sai de si. Desliza sobre si, enquanto tentamos construir um sistema, uma teoria. A partilha da ruptura com todas as outras anteriores. A explicação, a teoria e a consistência; descoladas, percoladas. O molecular dentro do molecular. O pretexto desse pensamento para a maquinação inconsciente que existe, acontece, dentro do livro, o pós-livro, maquinado em nós, constelações de frases e ritornelos, de grafos e vozes, na máquina cérebro-boca. O Anti-Édipo e Mil

Platôs são a máquina processo, signo-meio, mais concreta e (i)real da obra e da experimentação que pode suscitar. Ressonância no corpo mídia que o agenciamento maquínico liga. Esses pós-livros, computadores do futuro, para uma guerrilha filosófica, de linguagem, são as mídias diretas, a máquina da esquizoanálise. Dentro do cérebro, olho-grafo, tela-grafo, boca-vírus. Essa máquina pós-livro através, de sua escrita de platô, praticamente, se coloca como primeiro meio que temos disponíveis, para atuar no maquinismo deles. Filosofia, mídia, guerrilha. O livro e sua escrita se transformam em que, agenciados na desterritorialização que o nosso corpo traz a eles? Máquinas gráficas de sons, fraseados, ritmos, rítmicos, eu leio, eu falo, eu digo, escrevo, corto, conecto, roubo, mudo, pirateio.

Guattari-vírus, faz com que a filosofia experimente seu inconsciente conectivo-D. Guattari é transdisciplinar, transversal, experimentador, ativista. Não é só ele. Não é mais ele. Os conceitos que eles inventam são a própria cifra libidinal para jogar, para maquinar, os seus platôs em nós. Maquinar máquinas, em nossas máquinas com suas máquinas. Evocar Guattarri não é afirmar o indivíduo no decalque dos conceitos. A máquina-G exige ultrapassarmos a imagem pessoal e a moldura discursiva. Investir na singularidade da experimentação maquinada por ele, por eles, em todas as suas conexões múltiplas. Não é o Guattari, mas a máquina que se faz em nós. A forma-trajetória que cria agenciamentos através da passagem. A diferença está ao transformar todo o circuito de representação. Pequenas percepções, ritornelos, molecularizações, pontos sem centro em linhas trançadas. Não é o conteúdo de uma crítica, mas toda prática experimental na linguagem: ideias, ação, afetos, desejos imbricados na rizomática pansemiótica do Eu com o Nós.

Mais que uma diferenciação conceitual, transformação de natureza. Território virtual, *híbris,* na velocidade de um instante de conexão. A totalidade não suposta, nem esperada, o instante é total e, sua duplicidade e maneira de continuar acontecendo atuam, fazem crescer a potência, atiçam as máquinas desejantes.

Em relação à psicanálise e ao lacanismo, poderíamos citar (mas não vamos), algumas pop-críticas radicais, contra a psicanálise que, se fossem *pixadas* nos institutos e nos consultórios soariam como fantasmas, resistentes de interpretação, assombrariam a hegemonia do inconsciente, do discurso capitalista, muitas vezes mascarado pela instituição psicanalítica, com o nome de "sintoma". O discurso da psicanálise se confunde com o discurso do capitalismo no saber constitutivo da doença, usado como moeda de troca no mercado de subjetivações, empenhados em fazer com que tudo continue da mesma forma: castração do desejo, identificação com o trabalho, massificação da micropolítica pelo ativismo partidário, centenas e centenas de duplas capturas, entre o sintoma e o valor de mercado do sofrimento. É preciso, então, destruir o significante S-L, para agenciar, inventar novos processos de vida.

Fora do plano da moldura conceitual propagada pela academia, que a experimentação emerge (GUATTARI-MÁQUINA, L-D, anagrama, grafo, letra, para personagens). O acontecimento vem de fora, produz diferença, conecta desejos, cria mundos. Inconsciente proto-estético, coletivo-conectivo. Inconsciente que transborda em tudo, *tranzcinema*, realidade expandida, tela agora, drogas, substâncias, quase-cinema, *muslim,* transa-som, poema visual, *pixo,* diagrama partitura deriva, ideia-clark, a boca de Lygia na boca de Suely – F invade o seminário de L e joga água em seus escritos, e na gravata borboleta de L. Sete meses depois, eles decidiram roubar a máquina abstrata. A contratransferência virtual desaparecia com a transferência manipulável pela hierarquia do lugar privilegiado do psicanalista. O efeito daquela cápsula livro de Hakim Bey, provando o Anti-Édipo de Guy Debord na **alíngua,** o pequeno **a** não-objeto, de tão minúsculo se dissolveu, virou o gosto. E está lá como elemento de ligação do a-significante, com elementos de negação, do **a**- significante, partícula pirata de L, dentro do anti-édipo. O **a** que resta (né? ou não?) de fantasia, partícula esquizo de L usada para se diferenciar dele. As máquinas desejantes, também não são, último objeto de consumo para os sujeitos segmentarizados, tornados mercadoria na sociedade em rede? Isto ou aquilo. O "ou" também, é diferente do "e", "e/ou", ou "e...e" o e u e u o e e corta e *connect*, *cut* não *exixte* 1 , -1 , zero cso , são 2 , 6 ? O que o zero povoa, *pick up* o conceito o co o co com co sei se sei , a gagueiira, " ", *pick up,* é uma gua gueira, a a a aa a. , ou duplo roubo, mais que um jogo de palavras, "x explica "z" Lacan explica F, a- involução a- paralela, entre dois planos transversais, multiversos, duas partículas são lançadas simultaneamente através de duas fendas que dão em espaços diferentes, a ressonância entre elas se afetam, sem estarem presentes no mesmo espaço-tempo. Experimentarmos nós mesmos, ao invés da repetição explicativa dos conceitos, a experimentação que sai do plano na medida em que se tenta constituir o plano.

> Eu não gostaria de refletir sobre o passado. Atualmente Félix e eu, estamos terminando um grande livro, está quase acabado, será o último. Depois faremos. Faremos outra coisa. Gostaria pois, de falar do que fazemos agora.

> Nenhuma dessas ideias que não venham do lado de Félix (buraco negro, desterritorialização, máquina abstrata etc.). Chegou a hora de exercer o método: você e eu, nós, podemos nos servir delas em um outro bloco, ou de um outro bloco, com suas ideias, de maneira a produzir alguma coisa que não é de nenhum dos dois, mas está entre 2, 3, 4...n. Deleuze explica Deleuze, assinado o entrevistador, mas Deleuze explica Guattari, assinado você. A conversa se tornaria assim, W explica 0 assinado U. Uma verdadeira função. Do lado dele... é preciso multiplicar os lados, quebrar todos os circuitos em prol dos polígonos.[12]

O corpo sem órgãos é o vazamento da máquina Deleuze-Guattari. CsO é a sigla dele. CsO: Corpo sem órgãos! CsO vem destruir a cena da psicanálise no teatro de édipo, mas também a cena filosofia ocidental. Ainda Conceitos depois do Cso? Para criar novas corporeidades o pensável é ainda um estrato do organismo a ser percolado. O acontecimento incorporal que o corpo *impensa* produz intensidades incapturável pela palavra-ideia. A intensidades não são interpretáveis. Semiótica das intensidades. Diferenças de graus, de velocidade, de cor, de ritmo, de temperatura. Diferenção de diferença, Artaud -Fenda do Impensável. A. a. O teatro do acontecimento sem representação. Artaud é o Anti-Édipo, personagem principal da esquizoanálise – O teatro da Peste? devir-índio -no méxico- Artaud. "Para acabar com o Juízo de Deus", a declaração de Guerra contra os Organismos. No CsO... vozes de diferentes línguas intraduzíveis. "O que pode um corpo? " Até onde ir ? A linha de fuga...O CsO é

[12]DELEUZE; G. PARNET, C. Diálogos. Trad. Eloisa Araújo Ribeiro, São Paulo: Escuta, 1998, p. 16

a experimentação, o agenciamento mais desterritorializante da esquizo-análise. Quando memória de um Édipo Infernal para de se repetir....Édipo ...Édipo..Édipo... Com o Corpo sem órgãos vem o impensável. Artaud , CsO, antes de nascer e depois de morrer, Teatro Novo, sem representação. TeAt(R)o. O CsO desorganiza aquilo tudo que lia a gente.

E O CsO da esquizo-análise? O CsO o pensamento entra em relação com o seu duplo impensável, inorgânico. Fenda. Cérebro-Boca-Cu. Palavras-Sopros. O corpo, que tem como inimigo o organismo, urge viver, "impensar" o pensamento com o incorpóreo, lançar-se à sua experimentação singular, irredutível do desejo. Você está vivo! Explicitar conceitos? Ao revés, de explicitar conceitos, colocar em movimento intensidades inauditas, que irrompem a superfície do pensável na lógica cerebral. Não somente um Édipo da psicanálise que é destruído pela esquizoanálise. O CsO cresce porque o organismo se propaga por todos os meios e signos e, é preciso desestratificar as funções. A psicanálise, mas também a filosofia, o capitalismo, reconduzem, fazem redundância com as semióticas das hegemonias estruturantes de poder. Mas a contrapelo, vem à tona, transborda, ultrapassa, através do CsO; são as ondas de propagação das virtualidades mais reais que os reais, experiências vividas sem mediação. O limite do corpo no seu destino de transfiguração.

O CsO

> O corpo pleno sem órgãos é produzido como com A antiprodução, isto é, ele só intervém como tal para recusar toda tentativa de triangulação que implique uma produção parental. Como pretender que ele seja produzido pelos pais, se ele mesmo é testemunho de sua autoprodução, do seu

> engendramento, a partir de si? E é principalmente sobre ele, aí onde ele está, que *Numen* se distribui, que as disjunções se estabelecem, independentemente, de toda projeção. *Sim, fui meu pai e fui meu filho.* "Eu, Antonin Artaud, sou meu filho, meu pai, minha mãe, e eu.".
>
> Mas, é sobre o corpo sem órgãos que tudo se passa e se registra, mesmo as cópulas dos agentes, as divisões de deus, as genealogias esquadrinhadoras e as suas perguntações. Tudo está sobre esse corpo incriado, como os piolhos na juba do leão.[13]

O Cso em seu jogo de intensidades com a Máquina Desejante atrai contra si a máquina paranoica. Desse conflito entre máquinas é que a formação da subjetividade na Esquizo se constItui. As suas sínteses maquínicas de produção do desejo – até ao campo social – o sujeito ao lado, sem centro, composto por multiplicidades sem todo (não há 1 aqui também). A máquina desejante precisa passar por essa nova superfície disjuntiva para formar uma nova máquina.

A contingência da disrupção, a máquina de guerra e as máquinas de arte e as máquinas de pensamento e as máquinas de inconsciente (máquinas "do quê?"), máquinas sintetizadoras, máquinas de fotossíntese, máquinas desejantes, máquinas miraculosas, agenciamento maquínico de enunciação; as máquinas extraem fluxos dos objetos parciais, máquinas abstratas, máquinas anoréxicas, máquinas de corte/fluxo, a boca corta o fluxo da palavra. As máquinas desejantes não se confundem com as máquinas sociais e as

---

[13]DELEUZE, G.; GUATTARI, F. *O anti-Édipo: capitalismo e esquizofrenia 1*. Tradução de Luiz B. L. Orlandi. São Paulo: Ed. 34, 2010, p. 28-30.

máquinas técnicas; não são unidades totalitárias, se efetuam em dispersão, descontinuidade, agenciadora, insurgidas no social como diferenciação desterritorializante de devires-revolucionário. Cosmogonia revolucionária do social desterritorializado pela máquina desejante sem se deixar capturar. Máquinas para LINHAS DE FUGAS.

"O desejo é revolucionário". (Quantas vezes a palavra máquina é repetida na obra de FD?) – E de repente a máquina desejante se choca com o CsO, o corpo? Ainda tem um corpo? E "Como essa síntese é formada, ou como o sujeito é produzido."?

A máquina desejante desterritorializada se protege com deus e a paranoia miraculosamente maquinadas, quando uma aliança para sair do inferno. Da máquina paranoica, que persegue o corpo sem órgão, que se nega a continuar a fazer função; que a experimentação de uma genealogia das máquinas desejantes, coletivas, insurge na máquina social, já desterritorializadas. A genealogia experimental da esquizoanálise, seu programa, insurge do conflito, das intensidades produzidas por esse inconsciente maquínico colocado em experimentação; entre máquina desejante e corpo sem órgãos, onde a máquina paranoica e máquina miraculosa bloqueiam a volúpia, o gozo do CsO. Por que o martírio, tanta dor nesse corpo sem órgãos? Como liberar a volúpia da culpa? O CsO precisa necessariamente passar por esse sofrimento? É a loucura que vai nos fazer insurgir dessas narrativas de martírios?

> Através da máquina paranoica e da máquina miraculante, as proporções de repulsão e de atração sobre o CsO, produzem na máquina celibatária, uma série de estados a partir do zero; o sujeito nasce de cada estado da série,

> renasce sempre do estado seguinte que o determina num momento, consumindo todos esses estados que o fazem nascer e renascer (o estado é vivido, é primeiro em relação ao sujeito que vive)[14]
>
> É um estranho sujeito, sem identidade fixa, errando sobre o corpo sem órgãos, sempre ao lado das máquinas desejantes, definido pela parte que toma do produto, recolhendo em torno na parte de um devir ou de um avatar, nascendo dos estados que lhe consomem e renascendo em cada estado. 'Então sou eu, então é a mim...' Como diz Marx, até sofrer é fruir de si. Sem dúvida toda produção desejante já é imediatamente consumo e consumação.

"Prossumo", "o consumir o *déstruire*, *destruer*, *destruyen*, destruir", "Logo, 'volúpia'.", "'É meu dever oferecer a deus esse gozo, e se ao fazê-lo me cabe um pouco de prazer sensual, sinto-me justificado em aceitá-lo, como leve compensação pelo excesso de sofrimento e pelas privações que me couberam durante tantos anos''. "Uma parte da libido e energia de produção, se transformou em energia de registro *Numen* e uma parte destas se transforma em energia de consumo, volúpia. É nessa energia residual que anima a terceira síntese do inconsciente e a síntese conectiva do então é. Máquina celibatária, então era isso". "Empregamos o nome de máquina celibatária para designar essa máquina que sucede a máquina paranoica e a máquina miraculante, formando uma nova aliança entre a máquina desejante e o corpo sem órgãos. Isso equivale a dizer, que o sujeito é produzido como resto ao lado das máquinas desejantes,

[14] *Ibid.*, p. 35.

ou que ele próprio se confunde com a reconciliação sob a forma maravilhosa de um "então era isso". Ao consumo de uma nova máquina, o prazer que podemos qualificar de auto-erótico, ou antes, de automático, onde se celebram as núpcias de uma nova aliança, novo nascimento, no êxtase deslumbrante como se o erotismo maquinal libertasse outras potências.". Não se resolve mais, "O corpo sem órgãos se assenta sobre a produção desejante, a atrai, apropria-se dela [...] O corpo sem órgãos, o improdutível, o inconsumível, serve para registro de todo processo de produção do desejo, de modo que as máquinas desejantes parecem emanar dele no movimento objetivo aparente que as reporta a ele", "Como criar um corpo sem órgãos para si?". Pulsão, repulsão, ruído entre a máquina desejante e o CsO, tem a marca do retorno do recalcado, que ocorre no nível de uma nova máquina. A oposição entre máquina desejante e corpo sem órgão e "esse jogo de atração e repulsão", no caso do presidente Schreber, se faz na experiência do seu devir-mulher "se empenha no processo de autocura que o reconduz a identidade igual a de produção". Freud, vê como uma virada da doença, mas para Félix e Gilles é o momento diferencial em que a máquina paranoica é expulsa, "os raios do céu que lhe atraem e contém milhares de pequenos espermatozoides. Raios, pássaros, vozes, nervos, permutáveis de genealogia complexa com deus." (p. 29). [Schreber travesti, a taxa de gozo cósmico constante, deus encontra volúpia em seu corpo para deixar de ser homem, "um salário pelas suas dores ou o prêmio de seu devir-mulher"].

Quantos nomes têm o Édipo de GD? Quantos nomes tem o capitalismo de Édipo, o Édipo do capitalismo? Quantos nomes têm o pai de Édipo? Quantos édipos têm o marxismo? Quantos brancos? Quantos machos? Quantos capitalistas tem o marxismo? Quantos estados tem o Édipo? Quantos édipos têm os mercados? Quantos Estados têm os mercados? Quantos mercados têm os Estados? Quantos édipos têm os bancos? Quantos édipos têm os Estados? Quantos estados têm os estados? Quantos édipos tem os microfascismos? Quantos nomes têm édipos? Que estados de intensidade seriam possíveis para escapar à redundância binária? Zonas de ressonância desterriorializantes. A escrita de platô, fluxo palavra, palavras advindas de diferentes sentidos, não análogos, maior velocidade quase literária, deslizante de uma palavra à outra, não são mais palavras. Inconscientes roubados e extrapolados. Redundância de ressonância. Redundância maquínica de interação. Escrevendo a máscara de um filósofo. Em devir-filósofo, nomadizando a clandestinidade da psicanálise, de uma escrita a dois, o múltiplo. O que a filosofia resiste, não deixa passar? O seu próprio inconsciente molecular. A máquina desejante. Máquinas, bestiário de conceitos! É agora que Lacan está como um vírus, via Guattari, na filosofia no falo do Deleuze. Quem inventou a máquina abstrata? L? O que não é filosofia nem psicanálise, é o que no meio disso? G? Quantos mitos têm a ideologia? D? Quantos buracos tem o corpo? Quantos fantasmas? Quanto capital tem os conceitos?

No holograma estamos aprisionados, não estamos introjetados, essa fala não é sua, numa pretensa universalidade das ações do significante – contidos em enunciados – confirmando as mesmas ocasiões dos privilégios, com os escribas dos domínios da ideologia da conservação. Isto é um duplo: fetiche da culpa, desejo de servidão, má-consciência, não implicação. O duplo é você? Já aconteceu, acontecem em mais de mil lugares ao mesmo tempo. A linguagem do poder, a linguagem introjetada no corpo da língua, chantageia, faz cafetinagem, com as máquinas desejantes, estabelece o holograma da prisão, do bloqueio, do "isto não seria possível", quando é o "agora já", que escreve Clarice Lispector em *Água-viva*, que é o instante. Diante da superfície deslizante, que fissura as formações de poder, uma esquizoanálise vai mostrar como as semióticas do capital, estão calcadas na mesma reprodução do poder de sujeitos hegemônicos. Guattari faz uma crítica estético-política visceral das formações de poder, propondo um programa de experimentação: uma pragmática rizomática, uma biopolítica ético-estética, uma ecologia do inconsciente maquínico.

Para a esquizoanálise a associação livre na experiência psicanalítica deixa de incluir o não-associável, o sem liame, o entre o depois e o antes:

> [...] aquilo que é o maior obstáculo à psicanálise, a impossibilidade de estabelecer associações, é, ao contrário, a condição da esquizoanálise – ou seja, o signo de que chegamos finalmente a elementos que entram no conjunto funcional do inconsciente como máquina desejante. [15]

O método de associação livre foi feito para interpretar Édipo. A esquizo é mais Dada que Surrealista, "O surrealismo foi um vasto empreendimento de edipianização dos movimentos precedentes."[16]. A esquizoanálise é outro nome para a arte inventada em tempos de guerra cultural. O terceiro não incluso, não associado, o não sequencial, o entre uma imagem e outra, não previsto; a cadeia de significantes, que

---

[15]DELEUZE, G.; GUATTARI, F. *O anti-Édipo: capitalismo e esquizofrenia 1*. Tradução de Luiz B. L. Orlandi. São Paulo: Ed. 34, 2010, p. 521.
[16]*Ibid.*, p.521.

se remeteria a um e, a outro e, a outro, infinitamente, é interrompida/ um impensável, não associável ***"Como 'isso' funciona?"***. *Isso* se liga à quê? O que faz passar, o que bloqueia?

A associação livre, tão normal no set psicanalítico, para a esquizo tem que ser contraposta ao método Dadaísta:

> Um sistema cujos elementos estão ligados entre si pela ausência de todo Liame, e entendo por isso todo liame natural, lógico ou significativo, um conjunto de puras singularidades.[17]

Bricolê, *ready-made*, máquinas que não funcionam, conceitos trafegados. "Nada a interpretar" dos sonhos? O surrealismo é concreto, o filme dentro da real. O inconsciente maquínico fora de nós. Nada da língua do "Eu". Dinheiro, instituição, papai, casal, o dinheiro, o trabalho, o trabalho, o trabalho, o trabalho, o dinheiro, eueueueueueuue; por que desejamos o nosso não-desejo? O que posso não falar aqui para escrever esta fenda? Fala é um dos planos atravessados pelo corpo, cuja dupla articulação de corte-fluxo, *palavra- com* o que *não é palavra, quase palavras* produzem intensidades de sentido, de uma menor partícula, detectada e conectada no rizoma. Amplia-se o campo conectivos entre foras, continuamente de signos e a-signos não previstos na cadeia. Afetar, ser afetado pelo afeto, a percepção de uma aliança. Perceber o imperceptível sem capturá-lo. No que não foi associado, que enquanto não incluso, participa: o inconsciente molecular é a micropolítica dos devires minoritários que pedem passagem. Fome! Devir-negro, devir--mulher, devir-índio.

---

[17]*Ibid.*, p. 522.

A não-fala na fala, a surdez de Lacan, a carta roubada, e a carta de manchas de Guattari enviado para L. Conexões de um fluxo cortado, repentinamente, em outra direção, um novo fluxo, entre antes e depois, de G D e F G se encontrarem, não é mais um fluxo, é uma parada finita, agora que a frase acaba com um ponto? Quando as linhas ultrapassam as linhas? Sempre outra coisa no agenciamento entre 2 máquinas, sem eu, sem nó algum, em nós sem centro, *izto* continua, até quando, o processo enquanto produção de consumo, quem é agora o nós, qual é a imagem que vem depois? O entre entre o antes e o depois, o intervalo do que é, nada se associa, porque tudo se associa se nada parece se modificar, a máquina de corte fluxo que se dispersar no corpo sem órgãos até essa volúpia, na máquina celibatária, como máquina-desejante se decompondo, no corpo sem órgãos, expulsando a máquina paranoica, faz com social, o devir-revolucionário.

O real já está desterritorializado, o virtual atual vive diretamente os corpos vivos, os rostos estão desfeitos, a estrutura nunca existiu. Nas cidades e as telas, os encontros e os afetos, o mundo está vivo, o corpo é o cosmos, já está tudo desterritorializado. Toda essa máquina teórica está apenas ali no fundo dentro de um gueto. Gueto grita, e o mundo grita, por isso abrir, abrir...

Não se trata mais de um, ou do outro, mas do anônimo que agencia, nessa maquinaria conectiva, multitudes, povoamentos, multidão -1, 2, 3, 7, 100. Chega o momento em que todos os conceitos e planos de consistência também se desfarão. A radicalidade e, irredutível, impossibilidade de estar só, mesmo aparentemente sozinho, é impossível não vivenciar a multidão de intensidades que tudo ocupa. Ocupar, ocupar, ocupar. A esquizoanálise é uma questão de ocupação, de povoamento nômade.

No encontro de Guattari e Deleuze, vê-se uma dupla ruptura com a psicanálise e a filosofia, desterritorializam suas hegemonias, seus édipos – G&D? L é um filósofo infiltrado, duplo agente? A psicanálise não é o único édipo do anti-édipo, a filosofia é esquizo-analisada também. O que é a filosofia? A invenção do conceito e não sua moldura na repetição do discurso corrente. Qual é o inconsciente maquínico do pensamento? O que a molecularização da escrita platô evidência nos *Mil Platôs*. A filosofia passa pela esquizoanálise, efetua o inconsciente descolonizado do pensamento – D&F? Nessa fissura com a filosofia, ressoa na obra deles, na escrita entre, escrita com, formam-se virtuais de outro território experimental, que não é mais puramente a filosofia, nem radicalmente psicanálise, nem ciência – GG? Guattari faz a filosofia diferenciar-se, através do agenciamento com Deleuze. Na linha de fuga da psicanálise e, no encontro com Deleuze, traz uma sobra da placenta psicanalítica para dentro da filosofia e, a faz comer. O inconsciente maquínico da filosofia é A POP FILOSOFIA, A ESCRITA POR PLATÔS. Deleuze-Leibniz, Guattari/Gilles escrevem, não a duas mãos, mas em cem mil mãos, esse maravilhoso multiaplicativo de conceitos, de máquinas de guerra do conceito, o tempo todo [eles-maquinam] agitam preposições de experimentação. Escrever com a máquina, o experimento do que se escreve, se experimenta, rompendo a ideia da interpretação passiva do que foi dito. O(A) experiment(açã)o é a produção do inconsciente. O fluxo da escrita: povoamento, multidão, região, ocupar antes de medir, nomadismo, permanente. Espaço liso, visão aproximada, o deserto, háptico, arte nômade, *patchwork*, o mar, os bandos, fractalização fraseal, um conceito deixa de ser *o conceito* e passa a ser o povoamento. Pensamento e conceito entre outros planos de não-conceitos. A esquizoanálise da psicanálise é também a transanálise da filosofia. O conceito tende a desaparecer, porque o inconsciente do pensamento é a vida, a pragmática vital do desejo. O conceito é performance, a obra de FélixGilles é mais performática que conceitual. A filosofia é concernida nessa relação com a não-filosofia. O residual se torna volúpia, possibilidades. Nada a interpretar dos conceitos. Mais gozar! Tudo a experimentar como forma trans-analítica, nos invade a experimentação. Quando se interpretam os livros, o que eles falam, se escapa e, as linhas conceituais vão fractalizando-se em novas relações-labirínticas. Desejante fazer dessa máquina livro, a nossa experimentação. A experimentação que não nos deixa escapar dela, porque ela só passa a existir se desbloqueamos algo, quando nos aproximamos e nos transformamos, uma partícula muito pequena – quase invisível, menor que um **a** – incita intensidades, que nos atinge e nos age.

A descolonização da política, a descolonização da própria clínica, da prática psicanalítica, a descolonização de qualquer disciplina ou norma de vida ou moral; é preciso afirmar essa descolonização com todas as letras, porque é o inconsciente maquínico dessa obra, o inconsciente molecular dessa obra, que destitui as discursivas conceituais de toda ordem de qualquer imperialismo semiótico; se opõem às tentativas de controle dos fluxos para que a máquinas de FG possam mundos ainda. Destituir o lugar do discurso do mestre da filosofia é imprescindível. Jacques Félix. O controle da representação estabelece uma justificativa do que eles escreveram, faz julgamento de conceitos para impedir novos agenciamentos fora do plano. G, a descolonização do inconsciente, a descolonização da linguagem. Guattari, exerce uma desterritorialização na filosofia em seu agenciamento com Deleuze. Se a psicanálise para se descolonizar do edipianismo, teve que encontrar a alteridade da filosofia, a filosofia deve também se libertar de seu conceito. O inconsciente descolonizado necessita fazer a esquizoanálise de Édipos escondidos por outros inomináveis, na lógica de Poder, no rosto de cristo, no significante mestre da filosofia e, do saber institucionalizado, ou comercializado, como um sintoma de uma vida tirada de sua potência. A ruptura com a psicanálise feita pela esquizo, passa necessarimaente pela ruptura também da filososfia, do conceito institucionalizado, que *orende* a radioatividade revolucionária dessa obra em cabeças contidas, em estéreis zonas autocastradas.

A filosofia sai da sua caixinha quando faz com que a experimentação da linguagem, sejam instauradas fora do seu controle conceitual. Política, experimentação, filosofia e ágora, poema e corpo e, insurreição e linguagem, a imaginação, pragmática, te faz revolucionária quando queima o gelo das conservas históricas, das conservas institucionais, quando derretem as estátuas dos fantasmas. Se faz passar e se encarnam os acontecimentos do incorporal.

Mas o que nos golpeia é o muro, o bloqueio, o conceito europeu institucionalizado da filosofia, emoldurado em formas de saber para o mercado do pensamento, a mão e a luva. A potência virtual, a selvageria descolonizadora de Guattari nesse par com Deleuze, **de maneira contraditória, capturada nesse mercado do conceito, abafa Guattari e conserva a filosofia em sua linguagem de poder**. Conceitualismo acadêmico transformado, exercido como privilégio de quem "saberia" repetir supondo ensinar a quem não sabe. O conceitualismo interpretativo da obra de Deleuze e Guattari é o aparelho de captura do edipianismo, do hiper, do grande outro significante filosófico. Por isso Guattari é o que falta e "ao desejo nada falta". Preferem um Deleuze palatável a um Guattari das revoluções moleculares. O fetiche do decalque, do discurso corrente "isso gira, isso gira, o disco, o disco corrente, mais ainda", repetindo o discurso do mestre, um disco infinito das correntes, girando, girando, girando. "O discurso do mestre encadeia os significantes no mundo", o significante mestre se conduz no fraseado de um suposto saber sabido. Lacan? L colocou os nós na boca e provou a sua nova máquina abstrata. O conceito virou a mercadoria, o édipo. O saber é a linguagem do discurso do capitalista, a subjetivação, no consumo, na sociedade do espetáculo. Consumir Deleuze, consumir análises, consumir sofrimentos, consumir faltas, consumir consumir, "amor tátil aos livros, como aos maços de cigarro". Jogar os livros pela janela. A falta, a cafetinagem do desejo, nessa servidão voluntária. Marx faz uma sessão com L em uma prisão em Manaus. M toca L e, L toca G, que toca *deusleuze,* desliza. A invenção e o roubo da máquina abstrata se dão simultaneamente. O que vou ligar agora? É se diferenciando nessa repetição do significante de édipo, mas também do conceito e da filosofia do saber, que práticas e conceitos não estão mais separadas e nem são mais *standards* de escolas, nomenclaturas, axiomas institucionalizados.

É aqui, que Lacan e Marx, via máquina que Deleuze e Guattari acoplaram – roubaram de L? – podem fazer a esquizoanálise e ultrapassar barreiras, preconceitos que separam "Marx", "Lacan" e "Deleuze" e "Guattari" e "marxistas" e "psicanalistas" e "marginais" e "loucos", o "lunpem", o "esquizos", "o operário", o "político", o "artista", o "nômade", o "índio", a mulher", o "negro", o "branco", o "homem", a criança, o velho, a flor, os bichos, e planetas, uns dos outros e, faz explodir mais ainda no multiverso. Todo preconceito reside na moral e no pensamento. A esquizoanálise nos propõe o *ensemble* ruidocrático de duas diferenças impensáveis, a vir devir ressoarem se desterritorializarem para povoamentos – o que M está fazendo aqui? Porque se o anti-édipo vai mostrar a indissolubilidade entre capitalismo e psicanálise, Lacan com a análise dos discursos vai também falar do discurso do mestre, do discurso da filosofia, como esse discurso que vai servir ao senhor; Lacan também vai associar a psicanálise ao discurso do capitalista – a psicanálise constituiria um saber desse discurso do capital. Quem vai fazer a crítica radical ao capital? Marx. Mas a pergunta é: estaria o inconsciente fora do capital, estaria filosofia fora do capital, se o capital vai criar a forma de difusão? Qual é a contradição entre o capital e a forma de sua explosão? O que tornaria a psicanálise revolucionária? É o campo semiótico, que cria a ilusão de um holograma em que o capital preenche tudo, já não estamos fora? Só é possível estar fora, só é possível querer a sua destruição, porque então a filosofia, seu conceito, a ideia de filósofo, se sustenta, intocável, na prática alienante do conceito?

Impossível? Por que nada muda? Esse simulacro se tornou o terreno baldio da subjetividade, marca da micropolítica guetizada. Eles resolveram fazer algo, eu também, já pensava tudo diferente daquilo que eu tinha pensado, a gente nascia de novo era um dia, mais um dia, outro dia, aquelas três horas, agora comecei a gravar minha voz, até que um dia estava em outro lugar, nós estávamos com eles, não era eu mais. Mas há uma desterritorialização a se efetuar. Essa é a sua linha mais radical? A luta conceitual, enquanto linguagem nova descolonizada, inventa conceitos, a máquina de guerra irredutível aos aparelhos de captura, modelos, axiomas. Detectar as formações de poder, de estratificação, de bloqueio, de muro, de arborização, denunciar todas as formações semióticas do capitalismo, com suas ilusões. Na fissura entre suas estruturas discursivas e, através desse território, abrem-se as forças cósmicas, os ritornelos, os devires, as linhas de desterritorialização. As **a** partículas da máquina abstrata. O pensamento dissimétrico ao do filósofo europeu, entre devir com a não-filosofia, libera-se do fantasma do conceito.

Na máxima da esquizoanálise – ao desejo nada falta, o desejo é imanente, o desejo é o que conecta, revolucionário – o inconsciente não é o que a gente interpreta, mas é o que transborda em todas as coisas, ele é uma molecularização de signos partículas em um dialeto feito de várias cacofonias, as várias falas virtuais em sincronia.

Algo que se diz, que se pensa só no pensamento, em que a ação ainda parece imóvel, impedida ou contemplada, quando a ação parece impossível; um pensamento grávido de ações diante da impossibilidade do corpo, que precisa se desfazer de seus organismos, de suas funções, corpo--maquínico cyborgue-órgãos-instantâneos, todo tipo de experimentação: radiofônicas, afetivas, performáticas, uma mutação daquilo que se pensou, se escreveu e o que se experimentou. Uma experimentação, um acontecimento antes de acontecer, o incorpóreo-deriva, desloca, o virtual ativa – na esquizoanálise o delírio é produção do social.

> Intensidades eu sinto, o ovo, matéria, estamos alucinados [...] Elas vêm das duas forças precedentes, repulsão e atração, e de sua oposição. Não que as próprias intensidades estejam em oposição umas às outras e se equilibrem dentro de um estado neutro. Ao contrário, são positivas, a partir

> da intensidade = 0, que designa o corpo pleno sem órgãos. [...] Fala-se frenquentemente das alucinações e do delírio; mas o dado alucinatório (eu vejo escuto) e o dado delirante (Eu penso...) pressupõe um eu sinto mais profundo, que dá às alucinações seu objeto e ao delírio do pensamento, seu conteúdo. Um 'sinto que devenho mulher', 'que devenho deus', etc., que não é delirante nem alucinatório, mas que vai projetar a alucinação ou interiorizar o delírio. Delírio e alucinação são segundos em relação à emoção verdadeiramente primária que, de início, só experimenta intensidades, devires, passagens. De onde vêm as intensidades puras?[18]

As coordenadas espaço-temporais e as coordenadas subjetivas, se estabelecem no seu agenciamento constante de interação e se engajam sem cessar. Os processos de desterritorialização da singularidade abrem novos cosmos de re-câmbio nos espaços codificados, cria mundos para acessar, acessar mundos para criar.

Ok, yes, vamos continuar. A gente já leu. A próxima e a próxima, e a próxima frase, isto é explícito, você precisa enunciar realmente isto, certo está abonado abandonado ok, pode se matar, pode se jogar, pulmões sem ar. O psicanalista está surdo? Yes, você está certo.

A máquina abstrata, *nagô cyber afrik*, *cyberiun*, *riveriun*, cyberdelia afro, *noosfera*. O professor enlouqueceu enquanto ele explicava as várias camadas da terra. A singularidade, a maneira da matéria da palavra, o ritornelo: um corpo sonoro, um corpo vibrátil, corpo pleno da terra, um corpo de som, uma fantasmagoria-Félix, seres

---

[18](p. 30-33)

sonoros da imaginação neste mundo, já se está, já é. Você, agora está lendo um texto sobre textos que eu li, sobre esses personagens que não existem mais. Esses textos são as máquinas abstratas, a superfície conjuntiva corte/fluxo do que passou na experimentação da destruição de Édipo. Máquina-acomplamento-glitch-ensemble-connect.

Os traços da construção, de forma inacabada, nas ilhas desertas da desconstrução, sem metalinguagem, sem linguagem; fantasia nos explicar, nos dizer, como se faz isso que eles estão supondo acontecer, ou supondo que nós vamos experimentar: manchas se espalhando. No mínimo ler, é o acontecimento que se passa agora. O multiverso multiplicado em mil platôs. Como isto começa? Isso já começou. Através de um plano de consistência deslizamos, transferimos, passamos para outro plano e fora do plano, o anterior e o posterior ao plano, o inter-planos, inter-telas. Passagens imprescindíveis de afeto germinados de virtuais. O espaço nômade liga isso àquilo, liga ao que o liga com o que se faz liso.

> Os signos partículas trabalham diretamente o real: pelo jogo de sistemas de engrossamento, de aceleraç!ao, de afrouxamento, de discernibilidade de todas as espécies, eles desterram os maquinismos abstratos mineralizados, abrem novos campos para maquinismos que ficariam no estado de pura potência.[19]

Qual o elemento novo? Qual é a transsemiótica dessas máquinas, com seus *ensembles*, produzindo planos

[19]GUATTARI, Inconsciente Maquínico, p. 14).

de consistência, que relacionam o distante e o próximo (dissonante e o sonante), que faz o microinvisível passar e produzir intensidades moleculares?

> "Elas estão inventando algo. Nós estamos inventando algo com elas."

> A consistência de um agenciamento depende do grau de diagramatismo de seus componentes. Um agenciamento é inconsistente, quando ele despoja de seus *quantas* de possível, quando os signos partículas o abandonam para emigrar para outros agenciamentos, quando os maquinismos abstratos que o especificam se esclerosam, degeneram em abstração [...] ele se abate sobre um buraco negro de ressonância de uma pura e simples desintegração (catástrofe de consistência)[...] ao contrário, o agenciamento é consistente, quando de um metabolismo maquínico desterritorializado abre a novas conexões, diferencia e complexifica aquilo que eu já defini anteriormente como sendo seu núcleo maquínico; quando ele extrai de sua textura interna pontos de singularidades, para passá-los para linhas de traços de singularidades e de redundâncias maquínicas, revelando assim ao real, os quantas de possível que ele possui com exclusividade no que concerne ao plano de consistência dos maquinismos abstratos.

Elas saltam do plano e lançam raios signos partículas pelos olhos, vermelham, mergulham o corpo. Ou todos nos tornamos elas, ou, ou, ou...

Atualizar e fazer movimentar as forças centrípetas dessa máquina de máquinas, as forças centrípetas da psicanálise, as forças centrípetas da filosofia, através das forças centrípetas da arte. Porque a experimentação é iminentemente desejo, imanente insurgência. Porque um cosmos precisa nascer, ele que me pare. Nascer, fazer nascer, em uma placenta cósmica coletiva. O que me vê? Que não ser virtual? Feito de superfícies de signos partículas. O espetáculo das micropercepções o menor instante, o ritornelo, a pequena canção, o devir-pássaro, o devir-não-musical-do-som, delírio. Atração e repulsão, ascendência e decadência "produz uma série de estados intensivos a partir da intensidade = 0 que designa o corpo sem órgãos". *Stimmung*, "emoção constitutiva material, do mais elevado pensamento e aguda percepção." (Pierre Klossowski, Nietzsche e o ciclo vicioso). O eu passa por uma série de estados de identificação com os nomes da história, "Todos os nomes da história sou eu". Ao invés do retorno do recalcado, o eterno retorno, a máquina desejante se infiltra na máquina social, o sujeito mais múltiplo goza de não estar preso ao centro. Tornar-se aquilo que sou: "não sou eu, então sou". *Hommo natura, hommo estoria, hommo saccer.* "Por que tudo se manifesta e torna a desaparecer?" Em um dia só, mesmo que tenha durado de 31 de dezembro a 6 de janeiro, para além do calendário regular, os nomes da história engajam o não eu na desterritorialização do socius. "Há uma experiência esquizofrênica das intensidades em estado puro, a um ponto quase insuportável – uma miséria e uma glória celibatárias experimentadas em seu mais alto grau, como um clamor suspenso entre a vida e a morte, um intenso sentimento de passagem, um estado de intensidade pura e crua, despojados de sua figura e de sua forma." A esquizoanálise é corpórea e seu acontecimento incorpóreo. Uma poética pensada enquanto pragmática ético-estética. Experimentação desterritorializante, desterritorializada.

É a ação, não a simples reação, a antecipação, desrecalcamento, guerrilha micropolítica contra as formações das lógicas semióticas, axiomáticas, práticas dessa operação de poder, que dissimula uma pretensa universalidade e domestifica a subjetividade e escraviza os corpos, tenta bloquear, que o corpo insurja no acontecimento sem mediação? Além da interpretação, o inconsciente é sempre uma pragmática insurgente, pragmática do signo e paixão, desejo, do acontecimento dos corpos e suas misturas.

O buraco é liso, o liso é buraco. O que a fantasmagoria de Lygia Clark tem a ver com tudo isso? E a baba de Suely Rolnik? Fazer variar, fazer conectar, ligar isso àquilo infinitamente. Vamos fazer uma trança de todos esses elementos. O que fica depois do pós-tudo é o texto como máquina. Quis mudar tudo, eis agora tudo-tudo. Som, o que une e o ativa. O ouvido? Há quem diga que se escuta. Há uma a-língua viva através desses conceitos construídos como planos de consistência. Há algo mais irredutível do que se possa supor. Implicar algo. É desejante que implique algo. Já estou implicado, mesmo que eu não queira. É inevitável. A experimentação já começou. Quanto mais eu desejo explicar como isso se faz; quanto mais eu crio os conceitos, mais a sua amplitude relacional desfaz os planos, que eles escrevem-construir.

Os planos são desfeitos pelas velocidades e elementos relacionados pelo bestiário dessas máquinas de todo tipo, porque há o absurdo nessas máquinas que imaginam em nós. O que fura o real é o virtual duplicado duas vezes, o mais virtual. O inconsciente virtual é outro nome para o inconsciente maquínico. A cyber-corporeidade. A tela multi verso. O gozo do mais ainda virtual. O caos não mais separado do plano, transborda, vem contra o plano. Se desfaz.

Na medida que o plano é criado, se desfaz. Ciclos e ciclos e ciclos. Faz desfaz-se. Falar de uma outra maneira, Guattari sem seu cientificismo, ou sem seu marxismo, se ele é mesmo máquina para nós, então, podemos atualizar a sua virtualidade e desterritorializá-lo e trair o seu significante conceitual de mercado produzido pelo espetáculo acadêmico de deleuzianismo palatável. Os traços experimentais dessa obra compõem a pragmática esquizoanalítica, os agenciamentos cósmicos, para um programa experimental. "Nada a interpretar, tudo a experimentar. No lugar da interpretação infinita do fantasma da psicanálise, a esquizoanálise é a experimentação do programa". Uma traição, uma maquinação nova – não é possível mais dizer o que eles disseram, a contratransferência na contratransferência, na contratransferência. Não há mais resistência, vamos partir, nomadizar. O *Anti-Édipo* é o livro ato performance, abriu o cérebro. Abrir o cérebro de Lacan. Yes, pegamos a filosofia, o teatro paradoxal e seu duplo. Tudo continua, tudo deve continuar, vamos seguir abrir abrir, ocupar ocupar, a moldura acadêmica do didatismo, do discursivo, do interpretativismo, é uma ilusão – o didatismo, a interpretação infinita a repetição do que eles escreveram, a ilusão da moldura, a ilusão, a ilusão e o aprisionamento do plano, a ilusão do significante. HO: sair do plano, não existe filosofia da arte, a pop filosofia é uma poética mais estética que conceitual: para quem não lê e não quer escrever, pixadores de atos-falas, fyloklastya.

Lygia Clark, "qual é a buceta no homem?", se a boca não é o falo que órgão seria a região instantânea? A língua clítoris. A esquizoanálise não é a continuidade, mas a ruptura radical com a prática psicanalítica, que não significa a impossibilidade da composição por dissonância, a conexão disjuntiva, em uma superfície nova de se experimentar. Na possível relação da psicanálise e esquizoanálise implica-se uma dupla descontinuidade.

"Psicanálise: Morta Análise", Deleuze, "a psicanálise não foi feita para escutar". "Ela destrói todas as produções do desejo esmaga todas as formações de enunciados, usa o inconsciente para "reduzi-lo, destruí-lo, conjurá-lo." O inconsciente psicanalítico é o negativo, é o inimigo maior: "*Wo es war, soll Ich werden* [...] ". Sem jogos de palavras, ninguém quer saber da falta da cultura que coage, a lei, a lei, a lei, ninguém quer ser cristo em cruz alguma. Essa "arte de interpretar" da famosa prática PsxXXXXXXXX [...] Freud – Romano, psicanálise – ciceroniana – moralista? castradora, morta , mortificante.". L no avesso da análise delira em seminário – o que ele disse e ainda não, o ainda não, não foi publicado, nas sessões instantâneas quando quase foi morto por duas vezes por dois militantes maoístas, por mais de duas vezes, ela entrou no meio do espetáculo com a faca para matar a grande atriz em cena. L já não fala francês desde que morreu, G se suicidou, L a baba, baba, baba, baba, a a a a Lygia vestia os dois com suas roupas sensoriais intercomunicáveis, tubos saindo por todos os buracos do corpo Lygia gravava a conversa deles em duas línguas intraduzíveis e transmitia e ou e ou e ou. E ainda o Anti-Cristo, o Anti-Eu, o Anti-Deus. O.

Mutações esquizo, mutações microfascistas, mutações revolucionárias. O limite desse mundo não é meu, fui cuspido dele. Agora o corpo é a casa. A cidade-cosmos. Máquinas sintetizadoras. A multiplicidade entre corpo reduzido e corpo criado, simultaneamente. É reduzida a sua condição mínima corpo em guerra no meio do capitalismo do fluxo urbano, dormindo deitado no chão às três horas da tarde. O asfalto é quente, o sol é cinza. A cor é vírus.

O seu surrealismo concreto nesses corpos transbordam a cidade visível na potência desterritorializante, a fragilidade e o máximo limite.

Instante em que todos os conceitos e planos de consistência se desfarão e não haverá mais diferença entre o caos, o corte e um plano de consistência. O caos não seria mais visto como algo a se traduzir em plano. O plano foi desfeito e os conceitos não existem. Por isso ideias são virtuais. Mundos vivos e vividos, afetos diretos de uma vida intensa coletiva. O capitalismo traído finalmente, quando destruída a sua linguagem formal e moral. Essas forças cósmicas da máquina abstrata nascem diretamente de um *socius*, mas de um *socius* que desterritorializou-se em cosmos; o cosmos invade a terra e, a terra invade o cosmos.

Nietzsche-Pierre Klossowski, e de Antonin Artaud-Van Gogh, no suicidado da sociedade – personagens da esquizo-e e Lygia Clark-Suely Rolnik? A fantasmagoria do corpo? A Baba Antropofágica? Os v delírios ambulatórios de Hélio Oiticica? Quantos quantas fora dos planos relacionais do suposto dispositivo de FIJAHHUFYAYF FGDLCSRDGMLMDDMTLSD? As linhas trançam, os nós se desfazem em ninhos, Lygia Félix? Digital clítoris.

Se a filosofia é um gênero da literatura, a diferença entre obras filosóficas, científicas, literárias, políticas, psicanalíticas, são diferenças de formas de ficções. Por que então existe hierarquia entre gêneros? Qual é o privilégio forjado semiótico de um pensamento científico ou filosófico, ou psicanalítico, em relação a outras formas de ficção? e mais ainda, a não escrita, do que não se escreve, não para de não escrever. "Em busca do tempo perdido", a ficção mais ainda que nenhum gênero científico experimentou. ficção Científica? Cyber Polytyk Cinema Expandido Hiper-Ficção

Avatar Teatro Hacker. A máquina estética na esquizoanálise provoca a inversão/o essembler/com a prática clínica mais expandido com linguagem, da auto-*poesis*, Implicadasna micropolítica das máquinas desejantes. Pragmática rymátyka ProgramaS-Roteiros. "Tudo a experimentar", "Nada a interpretar"- {Você vai ficar maquinando essa palavra de ordem no texto?} – "se eu sei o que é, não é experimental. Experimentar o experimental". Tudo aberto. Programa ABERTO. Pixos ideogramáticos. Mais manchas e grafos trançados, ninguém consegue ler. A máquina -RAP, o fluxo palavra pensamento-freestyle. Máquinas-sintetizadoras. Estes corpos nômades que interpretamos – frágeis, e culpabilizá-los, criminalizá-los, são mais potentes, desterritorializados, despojados, despossuídos, andantes, que implica se implicar com essa alteridade nômade, outra, mais nada a ser diagnosticado. Mudar o set analítico sem abandonar a estrutura da psi? psicanalista antropólogo? mas ainda mais ainda na posição do saber analítico? Contra tranzferência? O que não se sabe é o que já é. A Trans análise é a esquiza da esquizoanálise. O QUE DEVIR-EXPERIMENTAR: A digital clítoris de L:¥GyA – GHL. A literatura é água-viva. Enquanto Freud escrevia, o que escreviam os escritores, de diferentes partes do mundo, o que experimentaram os que não escreviam? A cena é um recorte que cria um foco de consumo. Os livros de Guattari e Deleuze em um terceiro tombo do capitalismo esquizofrenia: o ensemble infernal bestiário extemporâneo, a boca do vírus.

O que faz Lygia Clark no campo da experimentação analítica, deve se fazer sincrônico a esquizoanálise? Qual seria a diferença entre o fantasma da psicanálise e a fantasmagoria do copo de Lygia Clark? Não objetos. Perceber-ativar, objetos parciais? Não, não objetos. Objetos sim objetos não um vindos do céu, vindos da terra, não objetos não identificados, objetos voadores. Perdidos, objetos perdidos, objetos a a aa. A fantasmagoria do corpo nascida das experiências sensoriais de suas sessões. Devir-mulher na esquizoanálise. Devir-mulher de um inconsciente transanalítico. A fantasmagoria não é mais o fantasma. LYGLYGK desterritorializa a clínica, pela linha de fuga da arte transanalítica, desterritorializa inclusive a arte como objeto estético passível, a saída do suporte, do plano da descoberta de um novo corpo, ela já não é Artaud. A esquizoanálise de Lygia é *trans*, Suely Rolnik desterritorializa Guattari, no agenciamento com Lygia. A linha desterritorializante de Lygia Clark conecta um outro inconsciente maquínico, diferente do inconsciente maquínico da esquizoanálise de Deleuze e Guattari. A experiência do fenômeno perceptível supra-sensorial, dos não objetos, das situações, das corporeidades, fora do plano, das experiências para além do suporte, não se reduz a teoria, a filosofia, ou conceitos. A experiência da percepção da arte em que o objeto não está acabado passa a existir através de nosso corpo. A experiência estética é o incorpóreo do acontecimento em que a fantasia criada apaixona a ação em nós. A tranz-análise nessa possível esquizoanalítica de Lygia Clark nos provoca um novo campo de experimentação, de inversão clínica. A experiência estética nesse novo campo, precisa se diferenciar através dessa alteridade, da linguagem, da autonomia da linguagem, em relação aos outros gêneros científicos, ou psicanalíticos, ou filosóficos. Nesse sentido, a composição desse ensemble dissonante entre psicanálise-esquizoanálise-filosofia via Lygia Clark, abona o inconsciente colocando a máquina estética performática como elemento novo no agenciamento como linha nova de uma desterritorialização da própria clínica.

E a pergunta retorna: qual seria o dispositivo? Dispositivo novo a se efetuar em novos programas experimentais, analíticos, estéticos, micropolíticos. LGDSRLYGYALYGLACN. L não mais só de Lacan, mas de Lygia, **A** não mais de Artaud ***a*** mais, mais a de a

A esquizoanálise desfaz o nó lacaneano, libera as linhas, linhas , Linhas, Linhas na boca de Lygia Clark quando ela sonhou com um carretel de linhas dentro da sua boca, A baba Antropofágica desse Sonho: Um Bando de Pessoas com carretéis de linhas na boca babam os fios em cima de L deitado no centro : e e e e – Lygia Clark na Boca de Suely Rolnik e e e as linhas desterritorializantes se conectando fora do plano conceitual da esquizo-análise, de uma linha a outra, Lygia -Guattari – Suelly – a baba antropofágica ? – Baba do A Anti-Édipo- Cosmo -GoZmA – Yzto que liga – Guattari com Suely Rolnik e liga Lygia Clark com Guattari através da Suelly. GHLDFL? A montagem é Akto- inserida intencionalmente, no corte -fluxo, ativa, faz participar Fora e o Fora. O não associável inserida na cadeia serial dita livre ou escutada na fala durante uma sessão analitica, o sem liame, deve ser agenciado no rizoma do diagrama esquizo-analitico, sem fazer pesar a culpa da liberdade ou proibir o gozo do real, do mais que real, virtual. Quando a máquina desejante em aliança voluptuosa com o corpo sem órgãos experimenta yzto, expulsa a máquina paranoica bloqueadora, destrói édipo, "o então era isto" e, *yzto* funciona, o processo já imanente, inserido na produção de registro, e no consumo, na superfície de disjunção conectiva, o processo de processo de processo.... e.... e....e...e...e..o Guattari torna-se mulher em uma sessão com Lygia Clark imaginada no instante do corte desse fluxo agora e e e e , esquizas com nosso corpo. Cortar na própria carne o Édipo da teoria.

Oscar Masotta
e o retorno de Freud

••• Oscar Cesarotto

A entrada do discurso lacaniano na América Latina pode ser situada & datada com exatidão: foi em Buenos Aires, no dia 12 de março de 1964, no Instituto de Psiquiatria Social, quando Oscar Masotta tornou público seu trabalho sobre *Jacques Lacan & el inconsciente en los fundamentos de la filosofia*. A história, então iniciada, mostra hoje, mais de quarenta anos depois, os efeitos de sua disseminação. A trajetória intelectual até deparar com a obra do psicanalista francês Jacques Lacan talvez pareça, à simples vista, um tanto eclética; só depois de uma análise detida revela-se a coerência do seu movimento. Nascido em 1930, sua vasta & sólida cultura enraizava-se na filosofia contemporânea, no existencialismo & na fenomenologia. Seus primeiros escritos foram dedicados a Merleau-Ponty & Sartre, cujo texto sobre Jean Genet inspirou-lhe uma versão *portenha*: um trabalho de crítica literária titulado *Sexo & traición en Roberto Arlt*.

Interessado, simultaneamente, no estudo da semiótica & das artes da década de 60, outro aspecto de sua atividade iniciou quando contratado como pesquisador da Faculdade de Arquitetura, promovendo encontros entre arquitetos & linguistas, além de realizar conferências em Lima, Nova Iorque & Paris. São dessa época seus livros *El Pop Art* & *Happenings*. Na concretização, em 1968, de um velho projeto, a Bienal Mundial da História em Quadrinhos, com a participação de teóricos, desenhistas & roteiristas de vários países: como resultado, publicou o livro *Las historietas en el mundo moderno*, junto com *Conciencia & estrutura*, uma compilação de ensaios.

Até aqui: filosofia, literatura, semiologia, artes visuais. Cadê a psicanálise? Aos poucos, de maneira inevitável, Masotta acabou chegando lá. Sua evolução teórica o levou a abandonar a ideia sartreana do ego transcendente à consciência, fato que, somado aos estudos linguísticos, deu em um encontro lógico & necessário com Freud; depois, com Lacan.

Isso fala

Não poderia ter sido diferente, pois, quando o enfoque fenomenológico é insuficiente para explicar um ato falho, por exemplo, a teoria da comunicação também é superada pelo imprevisto, precisando de um marco conceitual outro, que não é senão a psicanálise, para dar conta do agente de tal lapso. Partindo da postulação freudiana & segundo a reformulação lacaniana, pode-se pensar num sujeito profundamente descentrado da sua intencionalidade, siderado da razão. A distância entre o que se pretende enunciar & o que finalmente é dito ilustra a arbitrariedade mesma da oposição entre o significante & o significado; arteiro & certeiro, o inconsciente se manifesta estruturado como uma linguagem. Quem lhe comunicara a boa nova lacaniana, providenciando os primeiros textos, foi o Dr. Enrique Pichón-Rivière, um dos pioneiros da saúde mental na Argentina, amigo próximo de Lacan & fundador do Instituto onde seria convidado para expor os frutos das suas investigações.

Avançando nas leituras, Masotta ingressou na psicanálise pelo teto, descendo pelas paredes até chegar ao chão. Naqueles anos, às necessidades materiais veio se juntar um longo período de doença, depois da morte do pai: isso fez com que entrasse na análise pela porta principal – a experiência pessoal como paciente. Quando o sintoma faz falar, a função paterna cobra em palavras o pagamento da dívida simbólica. Recuperado, iniciou sua prática didática; procurado por estudantes & analistas insatisfeitos com o ensino oficial, criou um estilo de transmissão particular, os *grupos de estudo*, em que a leitura minuciosa da obra de Freud era colocada como perspectiva de formação.

A reflexão sistemática sobre a teoria freudiana contrastava de maneira notável com o aprendizado burocrático da Associação Psicanalítica Argentina. Lá, como em quase todas as outras filiais da Sociedade Internacional, sob o impacto de Melanie Klein & da escola inglesa, Freud tinha desaparecido. A denúncia dessa situação era a bandeira de luta de Lacan na França; Masotta, em nome de tal cruzada, representava, na época, uma opção semelhante & marginal. Um primeiro confronto não demorou em acontecer: uma conferência sua tocou de perto um dos intocáveis da APA, Emilio Rodrigué, questionando, a partir de um escrito seu, a tergiversação própria daquele âmbito. Depois de réplicas & tréplicas, ficou claro que, também em Buenos Aires, já havia começado a batalha entre os que tinham suprimido o mestre vienense & os que queriam trazê-lo de volta.

Lacan em castelhano

O próximo movimento *masoteano* foi um seminário introdutório à obra de Lacan. Foi um discurso sobre outro discurso: um escrito de Lacan sobre um texto literário, *A carta roubada*, conto de Edgar Allan Poe, ditado num instituto de arte moderna, transformado mais tarde no livro *Introducción a la lectura de Jacques Lacan*. Esse título era um equívoco imposto pela editora, pois não se tratava de uma introdução no sentido corriqueiro, um texto que facilitasse a compreensão de outro, na ilusão de uma metalinguagem possível, senão de uma elaboração do ensino de Lacan quase tão complexa quanto a sua obra.

No ano seguinte, Masotta edita & prologa as resenhas de dois seminários lacanianos, *As formações do inconsciente* & *O desejo & sua interpretação*. A constituição de um grupo de discípulos foi traçando a rota que, por força de coerência, conduziria à fundação de uma escola freudiana. Antes, porém, a instituição foi precedida por uma publicação, os *Cuadernos Sigmund Freud*. No número 2/3 constam as palestras, mesas redondas & trabalhos realizados por Octave & Maud Mannoni, analistas franceses convidados por ele que, naqueles tempos, assim se definia, respondendo a Maud Mannoni, que acentuava a importância da prática clínica:

> [...] este apelo à clínica não poderia me desgostar. Mas as últimas palavras de Maud parecem me expulsar desta história, da história da estruturação de um novo grupo de psicanalistas na Argentina, já que este grupo é tributário do meu ensino, mas eu comecei a ensinar Lacan sem nenhuma experiência clínica, sem outra experiência prática que dois anos de uma análise individual mal conduzida. Digo que parece, mas não penso assim; penso as coisas de outra

> maneira. Dado não ser nem perverso nem psicopata, talvez o momento 'teórico', a respeito da teoria que de alguma maneira represento, seja necessário entre nós. A prática teórica, exclusivamente, não me interessa. Acho que o teoricismo é hoje um perigo; tento evitá-lo ao lembrar que quando falo de psicanálise estou falando mesmo de psicanálise, que a teoria da qual falo depende da clínica por se originar nela. Quero dizer que tenho em conta que a teoria psicanalítica não é totalizadora, pois nenhuma teoria poderia sê-lo; neste sentido, é um modelo. Podem me chamar de pregador & não de teórico: nada teria a responder. Só que então pediria para ser julgado não pelo que tenho ou sou, senão por aquilo que promovo.[1]

Nos sucessivos números dos *Cuadernos* seriam publicados alguns dos seus textos, um sobre o *Homem dos ratos* & outro sobre o *Homem dos lobos*; também a transcrição de três aulas na Faculdade de Psicologia: Édipo, Castração, Perversões.

O número 4 reunia os trabalhos apresentados nas *Jornadas Sigmund Freud*, promovidas pelo Instituto Goethe, em 1973. Dos inúmeros alunos e seguidores, eram muitos os que já se exercitavam na produção escrita: já estava fazendo escola. No ano seguinte, a instituição foi formalizada: tomando como referência a École de Lacan em Paris, a Escuela Freudiana de Buenos Aires concretizou, num primeiro momento, a transmissão alternativa propiciada por Masotta que, na Ata de Fundação, escrevia: "Um gesto de fundação não é um gesto humilde. Menos ainda quando o passado, o presente & o fim é a psicanálise. Mas uma

[1]ESCOLA FREUDIANA DE BUENOS AIRES Cuadernos Sigmund Freud. Buenos Aires: Nueva Vision. No. 2/3, dezembro de 1972, p. 126.

fundação tampouco é um gesto ambicioso, embora não seja simples: deverá precisar os limites do seu campo, com isso será suficiente".

Presença da ausência

Organizados os psicanalistas, Masotta saiu de cena. Prevendo quiçá os horrores da história política da Argentina, mas também atendendo ao seu desejo de se aproximar da psicanálise europeia, instalou-se primeiro em Londres para, mais tarde, fixar residência em Barcelona. Achava que sua ausência seria metaforizada pela Escuela, para facilitar uma avaliação não imaginária de sua função de *sujeito suposto saber*. Mas nada disto aconteceu, muito pelo contrário: o vazio hierárquico que deixara fascinou os oportunistas de sempre, que tentaram a usurpação dos emblemas. Respondendo polemicamente desde a posição ética que a psicanálise exige dos seus praticantes, Masotta promoveu um novo ato simbólico quando, junto com aqueles que continuavam reconhecendo nele um mentor indiscutível, cindiu a instituição que criara, recriando-a com o nome de Escuela Freudiana de la Argentina, em 1979. Foi uma renovação do pacto & a restituição de um parâmetro de legitimidade.

Enquanto isso, na Espanha, retomaria sua prática magistral: outra vez grupos de estudo, seminários, publicações. Edita *Ensayos lacanianos* & *Lecciones de introducción al psicanálise*. Reiterando o gesto fundador, surgiu então a Biblioteca Freudiana de Barcelona. Apenas leitor de Lacan, os dois se conheceram pessoalmente só em 1975, por ocasião da apresentação na École Freudienne da sua congênere argentina, cuja paternidade assumia. Os fatídicos destinos de sua instituição influíram na decisão lacaniana de dissolver a própria: este antecedente ilustrava & antecipava as vicissitudes agressivas das transferências não resolvidas com aquele que ocupa a posição magistral.

As mágoas das brigas mesquinhas & as tristezas de um exílio forçado pela ditadura minaram a sua saúde. Fumante inveterado, na tradição dos grandes analistas, acabou sucumbindo ao câncer em 1979, no mês de setembro, como também outros grandes analistas...

Freud via Lacan

Um dos méritos de Masotta foi ter introduzido Lacan pela mediação de Freud; ou melhor, propondo ler primeiro a obra deste último, atendendo a uma *ordem de razões* que explicitasse sua coerência: a procura das molas internas da teoria era uma opção forçada para evitar a ingenuidade das leituras cronológicas. No final das contas, a construção dos postulados psicanalíticos pouco ou nada tem de linear; novas articulações, retroagindo sobre as anteriores, são enlaçadas numa descontinuidade temporal, porém, consistente.

Foi conveniente colocar o acento na última etapa do pensamento freudiano, reformulando tudo a partir da fase fálica, já que o complexo de Édipo, como fundamento, por sua vez se fundamenta na castração: em outras palavras, como pensar a constituição do sujeito do inconsciente, sem esquecer que as decorrências psíquicas da diferença sexual são regradas pela função do pai? Neste ponto específico & capital no qual Freud & Lacan coincidem, mas Klein diverge, Masotta sugeria que a mencionada deveria ser entendida como um bom exemplo de confronto & refutação. Concordava com Lacan quando dizia que a psicanálise infantil levou a psicanálise a um particular infantilismo; por isso, o sentido de retorno a Freud apontava na direção do que devia ser recuperado & restituído como pivô.

No que diz respeito aos textos de Freud, ao longo dos anos, uma sequência foi priorizada & cristalizada no chamado *Programa de estudos:* um mapa de leitura, segundo a lógica própria dos conceitos, para além da evolução cronológica das ideias, destacando seus efeitos retroativos de significação. A primeira parte do programa tematizava as formações do inconsciente, passava pela questão da mãe fálica & do narcisismo, seguida de uma reflexão sobre a instância paterna na estrutura. Incluía os casos clínicos de Freud, organizando o Édipo do ponto de vista das identificações. Na segunda parte, a angústia era uma das vertentes, enquanto numa outra orientação, era formalizado o campo das modalidades pulsionais. Tal armação significante tem funcionado, desde então, como uma verdadeira *instituição flutuante* na transmissão do discurso analítico; seu prestígio é consequência da extrema utilidade para a formação teórica dos analistas.

O modelo pulsional

Masotta forjou a expressão *grande modelo pulsional* para dar conta das vicissitudes da metapsicologia. Embora mudasse várias vezes de concepção, Freud manteve constante o princípio de oposição: as correntes pulsionais que entram em conflito no sintoma são sempre duas, diferentes. Daí que uma posição monista como a junguiana fosse incompatível; de certa maneira, dissidente. Mas esta exigência de um par antitético como garantia dialética é só um aspecto do problema; o outro é constituído pelos elementos enfrentados. Num primeiro momento, as pulsões sexuais introduzem a discórdia nas pulsões de autoconservação ou do eu, assim chamadas mais tarde: este é o eixo do confronto psíquico. Os dois fluxos, em princípio inconciliáveis, são assimilados depois de 1920 em apenas um: Eros, a energia da vida; contrastando, a pulsão de morte, o novo polo antagônico. A teoria pulsional aparece, assim, como um movimento de inclusão, uma *aufhebung*, no sentido da superação, mas também da manutenção do formulado inicialmente.

O escândalo que o tema da sexualidade provocara não foi eclipsado por este outro choque representado pela interferência da morte; no entanto, esta nova perspectiva conceitual tornou-se necessária quando a chave do esquema precedente perdeu seu poder. O masoquismo como aporia & a repetição compulsiva obrigaram Freud a considerar o predomínio de *tânatos:* da mesma forma, Lacan, ao longo do seu ensino, teve que incorporar tal relação paradoxal entre a vida & a morte à luz dos registros de *Simbólico, Imaginário* & *Real.* Aquilo que nos primeiros seminários aparecia como paradigma do conflito, o eu, subvertido pelo desejo, foi acrescido da dimensão do gozo. Para além do princípio do prazer, perfila-se esse outro campo, real & impossível. Como no caso de Freud, um efeito abrangência que engloba as articulações anteriores, preservando-as.

Embora o aspecto mais especulativo da psicanálise, a doutrina das pulsões resulta verossímil em função dos supostos que a sustentam. Os percalços do dualismo pulsional constituem o esqueleto do último livro de Masotta, cujos raciocínios são desdobrados segundo duas coordenadas: por um lado, no que tem a ver com a definição de base da pulsão, como conceito limite entre o psíquico & o somático, ou seja, como fronteira & união. Por outro, no que se refere à questão do objeto parcial (*objeto a* na teoria lacaniana) ou, nos termos da teoria clássica, às fases do desenvolvimento da libido. De uma maneira tão brilhante quanto exaustiva, os argumentos freudianos são discutidos & cotejados entre si, para compor um texto submetido ao método crítico que ele mesmo professa. Editado *post-mortem*, *O modelo pulsional* destinava-se a ser o segundo volume das *Lições introdutórias*, projeto fatalmente inconcluso. Contudo, seus quatro capítulos, se bem encadeados, são insuficientes para esgotar o problema: o discurso de Masotta se interrompe bruscamente antes de entrar de cheio na pulsão de morte. A Muda, na sua surdez mais literal, foi o confim do seu percurso, colocando, num ato definitivo, o ponto final.

O lugar do mestre

"Será que ainda não foi compreendido que falar em temos de 'retorno a Freud' não é, nem nunca foi, mais do que um puro eufemismo?" Afirmando com uma pergunta, Masotta, nos últimos momentos de vida, continuava instigando aos acomodados da psicanálise: *"Como seria um psicanalista nos tempos de Freud & Breuer; na época clássica, nos anos 50 ou na nossa época, nos tempos de Lacan?"* Em relação à discussão da psicanálise ser ou não uma ciência, achava que os adeptos à epistemologia, entre os quais a contragosto se incluía, deviam, de vez em quando, pelo menos, provar aquilo que estavam dizendo; em todos os casos, mostrava-se cauteloso, lembrando que a axiomática analítica não encontra facilmente seus modelos, posto que o seu objeto é constituído pelo espaço mesmo de sua prática específica.

No tocante à transmissão da psicanálise atual, Masotta ocupa um lugar muito especial, de reconhecida mestria, cujo testemunho é oferecido pelos seus discípulos. À diferença dos que leram em Lacan que seria bom ler Freud, partiu para uma elucidação efetiva de Freud; uma leitura consistente, que diminui a carga imaginária de fascínio que o discurso lacaniano produz, além de esclarecer pontos escuros dos seus escritos; tudo isso sem fechar a possibilidade de seguir pensando pelos próprios meios. Para os que tivemos a sorte de percorrer com ele os meandros da teoria psicanalítica, resta, junto com o aprendizado, uma lembrança carinhosa; para aqueles que só o conhecerão na extensão do texto, como é o caso dos leitores brasileiros, fica o valioso legado do seu ensino.

Livros de Oscar Masotta editados no Brasil:

- *O comprovante da falta*. Campinas: Papirus, 1987.
- *Introdução à leitura de Jacques Lacan*. Campinas: Papirus, 1988.
- *Dualidade psíquica – O modelo pulsional*. Campinas: Papirus, 1989.

LE CHAMP FREUDIEN

COLLECTION DIRIGÉE PAR JACQUES LACAN

A Oscar Masotta
ami de ma pensée
si proche quand son séjour
est si lointain

J. Lacan

Le 11-XII-66

Olievenstein: a batalha da complexidade

••• CARLOS PARADA

Claude Olievenstein (1933-2008) foi, sem dúvida, um dos mais conhecidos psiquiatras de língua francesa do final do século XX. Seu campo de atuação sempre foi a toxicomania (posteriormente chamadas adições químicas) e as populações marginais. Ele é o fundador do centro de atendimento Marmottan, em Paris, que dirigiu de 1970 a 2000[1].

A França dos anos 60 conheceu profundas mudanças culturais e de costumes, sobretudo no tocante aos jovens. O movimento de contra-cultura, a dita revolução sexual acompanhada pela contracepção feminina, a crítica do autoritarismo e do patriarcado, a busca de novas formas de prazer; tudo isso representava alguns de seus pontos cruciais. A partir dos anos 70, a população, via mídia e políticos,

[1]Trabalhamos juntos de 1990 a 2000, no Centre Maramottan, onde fui seu assistente. Dessa colaboração e confiança criou-se o livro *Como um Anjo Canibal, também traduzido em português*. Como veremos, por muito tempo o Centro Marmottan foi um laboratório de ideias e de novas práticas em psiquiatria.

passou a preocupar-se com a difusão do uso de drogas nessa população. As principais substâncias utilizadas eram o LSD, as anfetaminas em altas doses e, aos poucos, a heroína por via endovenosa. Note-se que esses jovens distinguiam-se assim radicalmente da população dos já tradicionais alcoólatras franceses. Foi nessa época que Olievenstein tornou-se um personagem público ímpar e célebre como especialista em drogados, pois era dos poucos psiquiatras que possuíam uma real experiência com esse tema.

Durante trinta anos, Olievenstein foi um autor da maior influência em matéria de toxicomania, na França e no mundo. Como dizia, por vezes: "Nessa época, minha sorte residiu no fato de ser telegênico". Sua popularidade mediática abriu-lhe portas e ouvidos propiciando grande influência na área da saúde e da justiça, influenciando na criação de leis mais brandas e compreensivas em termos de toxicomania – instituindo por lei o direito ao anonimato e a gratuidade para todo drogado que quisesse tratar-se – em uma época na qual muitos apavorados clamavam por mais repressão.

Enquanto o debate psiquiátrico encontrava-se extremamente polarizado entre organicistas e psicodinâmicos, Olievenstein lidava de modo livre e original com um fenômeno clínico em que uma substância química interfere com a subjetividade. Como veremos, seu pensamento procurava uma abordagem constantemente aberta desta situação complexa. Como tantos autores psiquiatras franceses de sua época (Lacan, Oury etc.), a elaboração e difusão do seu pensamento ocorria principalmente de forma oral. Apesar de sua imensa importância, Olievenstein escreveu poucos livros e artigos de tipo científico ou didático, comparados às centenas de conferências e seminários gravados, transcritos e publicados ao longo da sua carreira.

O único livro escrito por Olievenstein em forma mais clássica de manual data de 1970, chamado *A droga e outros escritos*. Essa obra descreve cada droga, e opõe-se a ideias preconcebidas e correntes, tais como a crença de uma escalada inevitável com certas drogas (na qual da cannabis, o usuário passa obrigatoriamente à heroína etc). Desde o início o autor distingue radicalmente a toxicomania de uma simples doença mental, assim como do alcoolismo, como veremos mais adiante. A absoluta particularidade da experiência de se drogar é, desde o início, um dos fundamentos de todo o trabalho de Olievenstein.

O livro mais vendido de Olievenstein foi *Não existem drogados felizes*. Em um tom pessoal, o autor relata sua infância em Berlim, sua imigração ainda criança para a França, a ocupação alemã, a psiquiatria do pós-guerra e a criação do Centro Marmottan. O engajamento ideológico, pessoal e até mesmo físico deste psiquiatra é indissociável dessa experiência pessoal.

Olievenstein era judeu e alemão, nascido em Berlim em 1933, de onde sua família fugira do nazismo estabelecendo-se em Paris. Durante a ocupação da França por Hitler, centenas de seus familiares e amigos morreram em campos de concentração nazistas. Nesse período, o jovem Olievenstein viveu escondido e separado de seus pais. Para tanto, teve que adotar um nome cristão, e durante alguns meses Sami Olievenstein passou a chamar-se Claude Olivennes – e foi daí que tirou seu pseudônimo[2]. Depois dessa experiência, Olievenstein tinha horror a tudo que tolhesse a liberdade de

[2]Depois da guerra passou a chamar Claude Sami Olievenstein. Seus amigos e colaboradores chamavam-no carinhosamente de 'Olive' ("azeitona" em francês).

pensamento, de escolha, e de circulação. Assim, no Centro Marmottan a liberdade do paciente de se tratar, de ser internado e de deixar a instituição sempre foram defendidas com ardor.

Olievenstein publicou e dirigiu uma dezena de outros livros sobre o tema das drogas (ressaltemos *O destino do toxicômano,* 1983[3]). Durante os últimos anos de atividade preferiu escrever sobre outros temas filosóficos (*Escrito sobre a boca,* 1995) e clínicos (*O homem paranoide,* 1992[4]).

Em 2001, publicou o que seria um resumo e testamento da sua obra na área da toxicomania. Com enorme paciência aceitou nosso convite para que escrevêssemos conjuntamente, partindo da transcrição de dezenas de horas de conversas gravadas, o livro que concentra e detalha seu pensamento e sua experiência. Deste trabalho nasceu: *Como um anjo Canibal.* Esse livro mantém sua tradição oral de elaboração, visto que se apresenta como um diálogo abordando cada um dos temas relevantes. Olievenstein expõe suas idéias com a clareza, independência e instigação que sempre lhe foram caraterísticas. A cada capítulo, expõe, debate e responde scríticas e comentários, tornando o livro tão vivo quanto didático.

Um pensamento independente

Primeiramente, para Olievenstein a toxicomania é um fenômeno absolutamente particular, que não pode ser confundido com uma simples patologia mental.

Como dissemos, uma das particularidades clínicas da dependência das drogas é dada à interação entre uma

---

[3]OLIEVENSTEIN, C. *Destino do toxicômano*. São Paulo: Almed, 1985.

[4]OLIEVENSTEIN, C. *O homem paranoide*. São Paulo: Instituto Piaget, 1996.

substância e um sujeito. Não é qualquer substância que pode participar desse quadro, não há toxicomania à água, suco de manga etc. Trata-se de uma matéria inerte que tem características próprias – tanto ao nível bio-químico, como fenomenológico (ou seja, a respeito do tipo de efeitos que ela pode produzir sobre a pessoa). Por outro lado, não basta experimentar uma dessas substâncias para passar a viver uma vida de dependente. Essa dupla face da toxicomania, entre matéria e psiquismo – ou seja, realidade concreta e realidade psíquica – traz em si uma série infinda de consequências. Por exemplo, para Olievenstein, não há toxicomania sem drogas (o que distingue de outras ditas "adições"). Acrescentemos ainda outra consequência: o uso desenfreado de uma substância não corresponde obrigatoriamente à uma patologia do sujeito, um distúrbio de personalidade etc. Ou seja, o fato de pessoas das mais diversas usarem drogas pesadas durante um período delimitado de suas vidas torna, no mínimo, problemática toda análise de tipo estrutural ou que suponha uma personalidade patológica de tipo toxicomaníaca. Essa patologização excessiva do uso de drogas implica frequentemente a negação da dimensão de prazer e de gozo dessa experiência.

Olievenstein acreditava que, por medo ou preconceito, a maioria dos clínicos não têm acesso à experiência vivida pelo paciente que se droga. O uso dessas substâncias libera sensações intensas – como também fantasmas extremos. Sobretudo com a heroína ou alucinógenos, o utilizador pode atravessar fantasmas inconscientes dos mais recalcados pelos tabus de nossa sociedade. Assim sendo, sobretudo em suas primeiras experiências, com frequência o drogado viveria representações de tipo incesto, morte, prazeres proibidos ou vergonhosos etc. Estas experiências deixariam marcas profundas, traumáticas, na economia subjetiva dos drogados, que voltam a se drogar, tanto para reencontrá-las, quanto para esquecê-las ou suportá-las. São a partir dessas e outras considerações que postulamos ulteriormente que para alguns pacientes produz-se um equivalente traumático com a utilização de certas drogas[5].

Ressalte-se que Olievenstein considera que toda descrição causalista do uso de drogas seria redutora, e acrescenta que, para abordar a toxicomania é necessário considerar qualidades como a *intensidade, a cinética e a atmosfera* da experiência[6]. A respeito da *intensidade*, sua metáfora mais frequente ao comparar substâncias psicoativas entre si (como álcool e cannabis de um lado, heroína, LSD e crack do outro) fazia referência aos armamentos. De fato, dizia ele, um revólver e uma bomba atômica são armas, porém a devastação de uma bomba H é incomparável com os danos provocados por um revólver. Por essa e outras razões, para Olievenstein, o alcoolismo e o uso de cannabis (fumado e natural) não são assimiláveis à toxicomania com a heroína, por exemplo. Quanto à *cinética* ou *velocidade*, lembrava que para tornar-se um alcoólatra são necessários vários meses ou anos, enquanto em pouco tempo alguém pode ser ganho pela fissura da heroína. Assim como um *flash, rush* ou subida de cocaína endovenosa descrevem uma intensidade

---

[5]Foi o que resumimos sob o neologismo "overtrauma", em que o trauma da droga – devido à sua efracção como experiência física e simbólica – sobrepõe-se a um trauma precedente. Lembre-se que pelo menos 30 a 40% dos toxicômanos passaram por experiências traumáticas pregressas. Do mesmo modo, 30 a 40% de pacientes com sindrome pós-traumática recorrem ao uso pesado de certas drogas.

[6]Uma de suas contribuições mais originais, inspiradas pelo filósofo dos fenômenos complexos, Edgar Morin.

e velocidade muito mais intensas e velozes do que uma embriaguez a base de copos de cerveja. Quanto à noção de *ambiente*, Olievenstein comparava com frequência o efeito de drogas como a heroína com a sensação calorosa que pode sentir um bebê dentro do útero materno. Em todo caso, uma picada de heroína é bem mais que uma transformação de ideias, ela envolveria sensações corporais intensas. Visto sua abordagem fenomenológica, Olievenstein detestava a ideologia asseptizada, pretensamente científica, de origem norte-americana que o termo *adicção* lhe parecia veicular.

Convencido de estar diante de um fenômeno absolutamente único que transcende a doença mental, Olievenstein tentou elaborar uma teoria nova e abrangente, aliada a uma prática distinta da psiquiatria clássica. Após uma viagem à California, sua facinação pelo que descobria, sua coragem intelectual e física permitiram-lhe encontrar sem preconceitos os modos de vida e as ideologias dos jovens de seu tempo, bem como as experiências subjetivas mais íntimas de seus pacientes.

Visto seu passado pessoal com o regime nazista durante a guerra, a psiquiatria repressora que conhecera e sua experiência com organizações comunistas stalinianas (das quais fora excluído), Olievenstein tinha absoluta ojeriza a gurus, ideologias de massa e modas. Como já dissemos, a psiquiatria da França dos anos 1970 vivia uma batalha maniqueísta, na qual cada um deveria escolher seu lado, e neste cada qual propunha sua causalidade (orgânica ou psicológica) e seu tratamento de distúrbios mentais.

Olievenstein sempre recusou alinhar-se com qualquer um desses postulados, ainda que lhe parecessem válidos, pois eram sempre insuficientes para dar conta de um fenômeno tão vasto e complexo como o da toxicomania.

Essa originalidade valeu-lhe sempre muita incompreensão. Por um lado acusavam-no de ser contrário à ciência das moléculas e à psiquiatria, o que lhe impediu uma carreira universitária nessa disciplina. Visto seu uso pouco ortodoxo e suas críticas à psicanálise de seu tempo, a maioria dos psicanalistas acreditava que Olievenstein seria contrario à psicanálise. Seja como for, essas polarizações e oposições eram mais discursivas e projetivas do que efetivas. Com certeza, muitos psicanalistas ficariam surpresos em conhecer as reais relações pessoais entre Olievenstein e figuras como Lacan e outros mentores dos movimentos pós-freudianos.

Vale lembrar que, neste contexto de apogeu da psicofarmacologia e da psicanálise, um movimento de profunda crítica social, dito de antipsiquiatria, estremecera a psiquiatria mundial da época. Se Olievenstein nunca aderiu às teorias de autores como A. Basaglia, R. Laing ou D. Cooper, não há dúvidas (como ele mesmo afirma em *Não há drogados felizes*[7]) de que ele se beneficiou desse vento de contestação para poder criar o Centro Marmottan em Paris, com novas bases de atendimento, liberando-se das velhas estruturas dos hospitais psiquiátricos.

Uma prática original

De todo modo, a jovem população de drogados adequava-se muito mal aos moldes de tratamento e de hospitalização existentes. Estes pacientes eram pouco assíduos, irregulares, incapazes de respeitar o horário de uma consulta agendada e, além disso, contestavam frequentemente toda medida coercitiva (imposição de pijama, abstinência sexual durante

[7]OLIEVENSTEIN, O. *Não há drogados felizes*. Trad. Reinaldo Matias. Lisboa: Moraes Editores, 1978.

a hospitalisação etc). Acrescente-se que o conhecimento e o poder médico viam-se constantemente maltratados nessa situação peculiar em que o paciente não recorre ao clínico em busca de um diagnóstico (que explicaria o sintoma) nem respeita o tratamento, seja este prescrito ou imposto. Assim sendo, o Centro Marmottan passou a propor novos modos de acolhimento e tratamento de drogados. Para tanto, devia abandonar tanto ideais de cura pela abstinência, bem como hipotéticas soluções de imposição repressiva.

Durante anos o Centro Marmottan acolhera voluntariamente entre 70 a 100 pacientes por dia. Essencialmente adultos usuários de heroína por via endovenosa, frequentemente associada à cocaína. O atendimento ambulatorial era feito exclusivamente por psiquiatras – Olievenstein desconfiava demasiadamente de psicólogos. As consultas se davam seis dias por semana, sem hora marcada. O paciente (dito "cliente"), geralmente acolhido por um ex-usuário, uma vez em contato com um terapeuta, dispunha de seus horários e retornava quando quisesse, quando pudesse, quando conseguisse, sem prevenir nem precisar marcar consulta. Muitos vinham de um modo intermitente, meses seguidos, depois desapareciam durante semanas e, com frequência, retornavam à procura do mesmo psiquiatra, como se o tempo não tivesse passado. Essa intermitência, esse avanço que oscila entre desejo-demanda-necessidade e falta, faz parte desta clínica tão peculiar. A abstinência não era uma condição para o seguimento de um paciente em ambulatório.

Note-se que desde o final dos anos 80 o Centro Marmottan propunha a troca de seringas, e apenas no final dos anos 90, com a onda devastadora da AIDS, foi iniciada a prescrição de Metadona (um produto opiáceo que substitui parcialmente a heroína).

O centro dispunha igualmente de 15 leitos mistos de hospitalização. Neste ambiente, a abstinência à heroína era necessária para criar-se condições diferentes do cotidiano do toxicômano. Em hipótese alguma a hospitalização poderia ser forçada – e, principalmente, a porta de saída ficava permanentemente aberta. Aos poucos o próprio paciente fazia da hospitalização seu refúgio, um asilo quando ele já não dominava mais a situação, permitindo voltar a uma situação de sujeito e de escolha: voltar a drogar-se ou parar.

O respeito absoluto da demanda do paciente (em geral uma difícil experiência para os familiares) fazia de Marmottan um "aliado crítico" do paciente. Esse ambiente permitia que nenhum paciente pudesse reivindicar por muito tempo uma posição passiva de vítima da sociedade, da família ou da droga. Todos eram tratados como sujeitos aptos a serem livres. Para tanto, o atendimento era estritamente anônimo (sem necessidade de documentos, sem visitas nem informações a terceiros) e totalmente gratuito.

Olievenstein sonhava com um Centro Marmottan constantemente experimental, que tentasse respostas diferentes a cada momento, que evoluísse e se adaptasse à população acolhida. Em poucas instituições que conhecemos a crítica era tão livre, a autogestão de parte da equipe, a responsabilização e a confiança de cada membro tão profunda e efetiva. Contudo, apesar de receber centenas de estagiários, apesar de sua fama no mundo, o Centro Marmottan não pretendia ser um modelo, mas um exemplo de que outras práticas além da repressão são possíveis e eficazes.

De fato, ainda hoje o Centro Marmottan é exemplo necessário para constatar que é possível tratar toxicômanos em liberdade, por iniciativa do paciente. Quantos outros clínicos dizem que "o toxicômano não tem demanda" ou ainda que "o drogado é um escravo ou vítima da droga" sem livre arbítrio? Há mais de 40 anos, antes de qualquer tratamento, por seu modo de acolher os drogados, no Centro Marmottan propõe-se uma "uma pedagogia do sujeito", uma proposta na qual o toxicômano pode e deve passar de objeto à sujeito, ou seja: deixar o discurso de necessidade e voltar ao desejo.

Tríade e ideologias

A frase mais conhecida e talvez das mais importantes de Olievenstein resumiria o tema da taxicomania: "A toxicomania é o resultado do encontro entre uma personalidade, uma substância em um momento sócio-cultural específico". Essa visão tríplice garante a complexidade do problema – contra todo tipo de reducionismo.

De fato, como dissemos, não se pode ignorar a força da química, das vias da psicofarmacologia. Tampouco, pode-se desprezar o aporte das análises da singularidade do sujeito. Seria também ingênuo não considerar as condições sociais do indivíduo e seu tempo histórico. Apesar da aparente evidência desta tríade, deparamo-nos sempre com explicações monocausais que tentam "esclarecer" a toxicomania e suas causas, seja pela biologia, seja a perversão, ou ainda como sendo devida à miséria social etc. Durante toda sua vida, em quase todos os debates dos quais participou, Olieventein lutou contra esse tipo de simplificação reducionista, que mal encobrem razões ideológicas.

De fato, a toxicomania – tal como o suicídio, o fanatismo religioso – é um fenômeno singular e complexo. Citemos ainda uma vez o exemplo da análise do suicídio. Desde E. Durkheim (1858-1917), fundador da sociologia, conhecemos a importância de seu contexto social (miséria, desemprego etc), este absolutamente válido. Além disso, sabemos que distúrbios orgânicos podem igualmente levar à depressão e ao suicídio. Constantemente testemunhamos como a história de um sujeito singular pôde conduzi-lo ao desespero mais absoluto. Olievenstein não somente insistia no fato de que nesse tipo de situação complexa cada uma das lógicas são válidas e coerentes separadamente, como insistia que elas poderiam ser conflitantes entre si. Trata-se, segundo ele, de uma abordagem que chamamos de *complementarista*[8], e não *complementar* entre cada lógica. Nessa óptica epistemiológica, o mundo não se resume a uma realidade oculta à espera da soma das descrições científicas que poderiam um dia descrevê-lo completamente. Para Olievenstein, cada interpretação tem sua lógica própria e que, por vezes, excluem-se e se contradizem.

Ou seja, em matéria de toxicomania há elementos fundamentais que a bioquímica não pode levar em conta, bem como correlações somáticas que a psicanálise mais fina desconhece, e outros fatores ainda que somente estudos sociológicos e estatísticos tornam aparentes. A originalidade de Olievenstein consiste em afirmar que as contradições entre psicobiologia, psicanálise e sociologia não tornam nenhuma delas inúteis ou falsas, e adverte porém que tentar conciliá-las, como se fossem complementares, é uma ilusão totalitária e perigosa. Essa abordagem complexa já bastaria para fazer de Olievenstein uma referência da maior importância em termos de pensamento clínico.

Parafraseando o próprio Olievenstein, digamos que a toxicomania à la française, é fruto do encontro entre essa

---

[8]Termo usado pelo psiquiatra e antropólogo G Devereux (1908-1985), que provém da teoria da incerteza ou dita da indeterminação do físico quântico W. Heisenberg (1901-1976).

personalidade marcante, o aparecimento de novos produtos e práticas de drogas em um momento socio-histórico dos anos 60. Além de psiquiatra e personagem público, Olievenstein era alguém igualmente complexo. Tivemos a feliz oportunidade de conhecer sua sensibilidade às artes, à gastronomia, ao debate e seu amor pelo Brasil, que conhecia profundamente. Tivemos a sorte de trabalhar juntos, discutir, divergir e de rir muito. Claude Olievenstein era um homem, corajoso, generoso e de integridade inigualável. Um homem livre, que amava os homens livres.

8...

Para além da técnica com **Pierre Fédida**: a clínica do psicanalista

••• Maria Virginia Filomena Cremasco

Por ocasião da morte de Pierre Fédida em 2002, Leopoldo Fulgêncio o homenageia com um texto para a revista *Natureza Humana*, que aqui recorto partes, acrescidas também do livro, dedicado a ele, de Mareike Wolf-Fédida, *Psychopathologie Fondamental*[1]: Pierre Fédida nasceu em 30 de outubro de 1934, em Lyon, num meio modesto, mas que lhe garantiu um solo seguro para seguir sua formação intelectual. *Agrégee* em Filosofia e *Docteur d'Etat* em Letras e Ciências Humanas, Fédida foi membro da *Association Psychanalytique de France* (APF), ocupando inclusive a sua presidência (1988); foi, além disso, até o fim da vida, professor da *Université Paris 7 Denis Diderot*, onde dirigiu a *Formation Doctorale de Psychopathologie Fondamentale-Psycahanalyse-Biologie*. Nessa universidade, fundou,

---

[1]WOLF-FÉDIDA, M. *Psychopathologie Fondamentale. Suivie abécédaire de Pierre Fédida*. Paris: MJW Fédition, 2008.

em 1981, o *Laboratoire de Psychopathologie Fondamentale et Psychanalyse* e o *Centre du Vivant*, onde agregou diversos pesquisadores e colocou a psicanálise em discussão direta com outras disciplinas; teve, também, uma atividade editorial intensa, tanto em termos dos livros que escreveu sozinho (*Le concept et la violence*; *Corps du vide et espace de séance*; *L'Absence*; *Crise et contre-transfert*; *O sítio do estrangeiro; A situação psicanalítica*; *Clínica psicanalítica: estudos*; *Nome, figura e memória. A linguagem na situação psicanalítica*; *Dos benefícios da depressão. Elogio da psicoterapia* etc.) ou em parceria com outros analistas (*Par où comence le corps humain*; *Psychopathologie de l'expérience du corps*; *Soinger sans risques*; *Qu›est-ce qui guérit dans la psychothéerapie*; *Comment peut-on être vivant en Afrique*; *Faut-il vraiment cloner l'homme?*; *La sexualité a-t-elle un avenir?* etc.), quanto em relação às revistas de psicanálise. Nessa área, foi editor da *Revue Internationale de Psychopathologie* e membro de diversos conselhos editoriais de outras iniciativas semelhantes, entre elas, da *Revista Internacional de Filosofia e Práticas Psicoterápicas Natureza Humana* e da *Revista Latinoamericana de Psicopatologia Fundamental*.

Segundo Fulgêncio:

> As reflexões de Fédida sobre a situação analítica, o lugar do analista, a contratransferência, o humanismo e a ação do analista, os casos clínicos em psicanálise, o primitivo no psiquismo, o valor positivo da depressão, a feminilidade, a questão sobre a condição e a definição do próprio ser humano – para mencionar apenas alguns de seus temas – mostram um tipo singular de psicanalista que, sem abandonar a especificidade de sua disciplina, soube usar os conhecimentos advindos de diferentes áreas do saber

> (em especial da filosofia, da estética e da antropologia) para levar mais longe o pensamento analítico.[2]

Foi justamente levando mais longe o pensamento analítico que Fédida apresentou a psicopatologia como pilar de uma antiga e prestigiosa tradição, ao mesmo tempo filosófica e médica, à vocação intercientífica, na qual, hoje em dia, campos diversificados de pesquisa não se limitam mais apenas ao domínio da psiquiatria, mas, ao contrário, estão em profunda renovação.

Sob a incontestável influência da psicanálise, a clínica psicopatológica estende sua atividade para terrenos variados, como: doenças orgânicas, imunodeficiências, fenômenos de adicção e de farmacodependência, crises ligadas aos processos de crenças, maturidade e envelhecimento, além da procriação e da transmissão psíquica da vida[3].

A influência do pensamento de Pierre Fédida na América do Sul estendeu-se por mais de 30 anos, e se traduziu no desenvolvimento do gosto no Brasil pela psicopatologia desde a criação do Laboratório de Psicopatologia Fundamental na Université Paris 7. Fédida autorizou, em 1995, seu amigo Manoel Berlinck a batizar com o mesmo nome um Laboratório do Núcleo de Psicanálise do Programa de Estudos Pós-Graduados em Psicologia Clínica da Pontifícia Universidade Católica de São Paulo. Em 1997, foi criada, então, a Rede Universitária de Pesquisa em

[2]FULGÊNCIO, L. Pierre Fédida (1934-2002). *Nat. Hum.*, São Paulo, v. 4, n. 2, p. 483-485, dez. 2002. Disponível em <http://pepsic.bvsalud.org/scielo.php?script=sci_arttext&pid=S1517-24302002000200009&lng=pt&nrm=iso>. Acesso em 10 jun. 2018, p. 483.

[3]WOLF-FÉDIDA, M. *Psychopathologie Fondamentale. Suivie abécédaire de Pierre Fédida.* Paris: MJW Fédition, 2008, p. 9.

Psicopatologia Fundamental, que posteriormente se tornou Associação. Também em 1997, Mário Eduardo Costa Pereira funda na Universidade Estadual de Campinas (Unicamp) o Laboratório de Psicopatologia Fundamental. Na Universidade Federal do Paraná, o Laboratório de Psicopatologia Fundamental foi criado em 2002.

A Psicopatologia Fundamental é uma linguagem (*logos*) sobre o sofrimento (*pathos*) psíquico que leva em consideração a subjetividade. Ela é "fundamental" por dois motivos: 1. Distingue-se da Psicopatologia Geral proposta por Karl Jaspers e 2. Baseia-se no Princípio do Fundamento (*nihil est sine ratione*).

O livro de Berlinck, intitulado *Psicopatologia Fundamental*[4], aprofunda-se na descrição de tal campo de pesquisa, que se distingue dos demais atualmente existentes e, em especial, diferencia-se da Psicopatologia Geral. Além disso, o "Fundamental" é uma referência à natureza constitutiva do *pathos* no humano. A Psicopatologia Fundamental busca ser um campo de ensino e de pesquisa, no qual ocorrem interlocuções entre cientistas com diferentes pontos de vista sobre o sofrimento e o mal-estar psíquicos. Ela, em tais interlocuções, adota o método clínico como o procedimento lógico mais adequado para a compreensão do sofrimento humano.

Neste sentido, a Psicopatologia Fundamental é um campo eminentemente clínico, e os problemas aí tratados emergem do vivido na atividade clínica, essa entendida como inclinar-se sobre o paciente e concentradamente escutar o dizer com a intenção de tratar do seu sofrimento. O clinicar tem sido uma atividade praticada por profissionais empenhados

---

[4]BERLINCK, M. T. *Psicopatologia Fundamental*. São Paulo: Escuta, 2000.

na constituição de uma experiência, um discurso compartilhado a respeito do *pathos* psíquico[5].

Este método, o da escuta do inconsciente, Berlinck[6] afirmava ser da ordem da *poiésis*, da criação artística, da fruição do estético.

Segundo Prado, sobre esta escuta específica do inconsciente:

> Algo aqui excede o método. Poderíamos dizer: não se aprende a psicanálise, aprende-se somente a psicanalisar. (É exatamente o que diz Kant da filosofia.) Há uma dimensão de arte, arte de escutar, arte de ler, de interpretar, arte de escrever, que é inensinável. A essa arte, só se pode buscar acesso por si próprio, mediante um trabalho de si sobre si (e contra si).[7]

Nessa direção do método do tratamento clínico, Fédida indaga-se: "Quando as 'questões técnicas' suscitam controvérsias entre os analistas, não estariam eles reproduzindo – ainda hoje – um debate aberto pelo conflito apaixonado entre Ferenczi e Freud num certo momento de sua relação?"[8] Desse debate aberto e apaixonado, Fédida[9] nos lembra de que Ferenczi vê que há limites na autoanálise

---

[5]*Ibid.*

[6]*Ibid.*

[7]PRADO, P. Ao Manoel Berlinck que eu conheci. *Rev. latinoam. psicopatol. fundam.*, São Paulo, v. 19, n. 3, p. 386, Sept. 2016. Disponível em <http://www.scielo.br/scielo.php?script=sci_arttext&pid=S1415-4714 2016000300373&lng=en&nrm=iso>. Acesso em 10 June 2018. http://dx.doi.org/10.1590/1415-4714.2016v19n3p373.1.

[8]FÉDIDA, P. *Clínica Psicanalítica. Estudos*. Trad. Martha Gambini e Cláudia Berliner. São Paulo: Escuta, 1988, p. 96.

[9]*Ibid.*

de Freud (que não empreende um trabalho de si sobre si e contra si), os quais se manifestam de modo a não permitir a ele uma maior percepção da importância, terapêutica e devastadora, da transferência e, também, no tornar-se analista-terapeuta, da importância da contratransferência. Ou seja, ultrapassar estes limites trata-se, sobretudo, de um trabalho clínico que produza transformação, e as ferramentas de sua possibilidade são justamente os fenômenos transferenciais que escaparam a Freud em sua autoanálise. Labaki trabalha também como outra hipótese sobre um não desenvolvimento dos fenômenos transferenciais na psicanálise:

> Nossa hipótese é a de que o método clínico psicanalítico baseado nas coordenadas da teoria do sexual recalcado desarticulou do enquadre o objeto, este outro da análise. Por sua vez, essa desarticulação consolidou um pensamento preponderante (principalmente na França e seus satélites) que operou: um recalque dos elementos contratransferenciais e da presença viva do analista (seu corpo também); uma consequente negação da dimensão relacional do processo analítico, que ficou circunscrito a uma experiência exclusiva da interioridade do paciente; e uma concepção de transferência reduzida à dimensão da repetição.[10]

Ferenczi, focalizando os fenômenos transferenciais, salienta o alcance e a importância da segunda regra

[10]LABAKI, M. E. P. Hipocrisia e trauma: elaborações para uma metapsicologia da técnica em Ferenczi. *J. psicanal*, São Paulo, v. 47, n. 87, p. 188, dez. 2014. Disponível em <http://pepsic.bvsalud.org/scielo.php?script=sci_arttext&pid=S0103-58352014000200011&lng=pt&nrm=iso>. Acesso em 14 jun. 2018.

fundamental, formulada e pronunciada por ele em sua conferência intitulada “Elasticidade da técnica psicanalítica”, em 1927, perante a Sociedade Húngara de Psicanálise: para se tornar analista, deve-se ter sido analisado de forma profunda por alguém. Segundo Fédida[11], esta regra é admitida entre os analistas com a esperança de se ver famosa “equação pessoal” reduzida e se obter, com isso, uma objetividade das constatações. É a redução da equação pessoal pela análise que permite a qualificação do analista, fazendo com que seu inconsciente disponha das condições de recepção ao inconsciente do paciente.

Para Fédida[12], esta expressão de Ferenczi, sua segunda regra que não abandona nunca a primeira freudiana da associação livre do paciente e atenção equiflutuante do analista, é inovadora, pois incita o psicanalista a não deixar sua técnica tornar-se uma suposta comunicação interpessoal e ainda impede a satisfação proveniente de resultados favoráveis que são conseguidos no tratamento, mas que desprezam a liquidação das formações do *supereu* que sustentam e mantêm a transferência. “O que nos faz terapeutas é a existência da regra fundamental em nosso pensamento, assim como de tudo aquilo que se passa entre nós e o paciente como desvios em relação a essa regra ideal.”[13] Para Ferenczi, o fenômeno transferencial é, sobretudo, um fator emocional e constituído pelos processos identificatórios.

---

[11]FÉDIDA, P. *Nome, Figura e Memória. A linguagem na situação psicanalítica*. Trad. Martha Gambini e Cláudia Berliner. São Paulo: Escuta, 1991, p. 210.
[12]FÉDIDA, P. (Org). *Comunicação e Representação*. Trad. Cláudia Berliner. São Paulo: Escuta, 1989, p. 93-94.
[13]FÉDIDA, P. *Clínica Psicanalítica. Estudos*. Trad. Martha Gambini e Cláudia Berliner. São Paulo: Escuta, 1988, p. 31.

> De qualquer forma, é preciso destacar aqui a definição que Ferenczi nos dá do fenômeno transferencial, ou seja, um fator emocional. Recusa o primado da comunicação de ego a ego, a partir de representações, e afirma o primado de processos identificatórios apoiados em um fator emocional. Afirma, com todas as letras, que convicções, em termos da experiência analítica, não são conquistas intelectuais, mas sim conhecimentos que devem ser atribuídos à concordância entre uma parte da realidade e a vivência afetiva. Está preparado o terreno para as últimas incursões de Ferenczi pelo plano da técnica e da ética psicanalíticas.[14]

A implicação é que os modelos provenientes da prática clínica sejam virtualmente transformáveis no decorrer dos processos psíquicos do analista e de suas vivências afetivas. Para Fédida: "a metapsicologia freudiana se constitui de tal forma que autoriza o analista a uma liberdade de inventar, justamente onde a teoria freudiana permanece muda"[15], e, assim, autoriza-o a redescobrir a técnica com cada um de seus pacientes:

> Da análise pessoal resulta uma "formação" que passa pela capacidade de identificação e de desidentificação transferencial: os "restos não resolvidos" – zonas obscuras inacessíveis à análise pessoal formam a sensibilidade do analista,

[14]COELHO JUNIOR, N. E. Ferenczi e a experiência da Einfühlung. Ágora (Rio J.), Rio de Janeiro, v. 7, n. 1, p. 81, Jan. 2004. Disponível em <http://www.scielo.br/scielo.php?script=sci_arttext&pid=S1516-14982004000100005&lng=en&nrm=iso>. Acesso em 12 June 2018. http://dx.doi.org/10.1590/S1516-14982004000100005.
[15]FÉDIDA, P. *Crise et contre transfert*. Paris: P.U.F., 1992, p. 17.

ou seja, sua capacidade de tato na constante redescoberta pessoal da técnica com cada um de seus pacientes.[16]

A questão do tato é o que Ferenczi[17] desenvolve em seu texto "Elasticidade da técnica psicanalítica":

> Adquiri a convicção que se trata, antes de tudo de uma questão de tato psicológico, de saber quando e como se comunica alguma coisa ao analisando, quando se pode declarar que o material fornecido é suficiente para extrair dele certas conclusões; em que forma a comunicação deve ser, em cada caso, apresentada; como se pode reagir a uma reação inesperada ou desconcertante do paciente; quando se deve calar e aguardar outras associações; e em que momento o silêncio é uma tortura inútil para o paciente, etc. Como se vê, com a palavra "tato" somente consegui exprimir a indeterminação numa fórmula simples e agradável. Mas o que é o tato? A resposta a esta pergunta não nos é difícil. O tato é a faculdade de "sentir com" (*Einfuhlung*).[18]

Mantendo-se fiel às prescrições freudianas, Ferenczi[19] reafirma que a única base confiável para uma boa técnica analítica, mesmo que redescoberta, é a análise terminada do analista, já pronunciada em sua segunda regra.

Para Dias:

---

[16]FÉDIDA, P. *Clínica Psicanalítica. Estudos*. Trad. Martha Gambini e Cláudia Berliner. São Paulo: Escuta, 1988, p. 100.
[17]FERENCZI, S. (1928). Elasticidade da técnica psicanalítica. In: Ferenczi, S. *Obras Completas: Psicanálise*. São Paulo: Martins Fontes, 1992, vol. 4, p.27.
[18]*Ibid*.
[19]*Ibid*.

> Ferenczi propõe a elasticidade da técnica fundamentado na atividade metapsicológica específica da contratransferência, sempre voltado aos processos psíquicos do analista no tratamento e não à pessoa do analista. Por isso, para ele a contratransferência consiste em conhecer, primeiro, em que momento determinada fala do paciente provocou no analista determinado devaneio ou determinada imaginação, e como este devaneio ou esta imaginação informa sobre o momento da comunicação intratransferencial do paciente no tratamento. Esse momento de comunicação intratransferencial é muito precioso na sessão, porque vai configurando no analista uma memória do sexual-infantil do paciente e uma interpretação vai se construindo. Entendemos ser esta a vantagem de considerar a atividade psíquica do analista como a de um "aparelho" sensível, suposto constantemente discriminador de suas mudanças de "regime" e assim auto-informativo das mínimas modificações sobrevindas no movimento psíquico do paciente. Para tanto, torna-se imprescindível que o analista depure esse "aparelho" sensível por meio de sua própria análise. Esta exigência de que o analista se submeta ao processo analítico para desvendar sua própria dinâmica psicopatológica é a única base confiável para que este compreenda o processo psicopatológico de seu paciente.[20]

Para Ferenczi, é evidente que em um analista bem analisado, os processos de "sentir com" (*Eifühlung*), os de

[20]DIAS, H. M. M. Contratransferência: um dispositivo clínico psicanalítico. Tese (Doutorado). Programa de estudos Pós-Graduados em Psicologia Clínica, Pontifícia Universidade Católica de São Paulo, São Paulo, 2007, p. 104-105. Disponível em https://tede2.pucsp.br/handle/handle/15628 Acesso em 08 de agosto de 2019.

auto-observação, bem como os de avaliação exigidos a ele, não se desenrolarão no inconsciente, mas no nível pré-consciente, conforme nos elucida Fédida, no texto "Comunicação, Transferência e Contratansferência":

> Ponderar (*abwägen*) as reações, avaliar (*einschätzen*), medir (*abmessen*) são as palavras que surgem sob a pena de Ferenczi para tirar o 'tato' de uma subjetividade arbitrária e para fazer esta apreciação ponderada regulada pela atividade pré-consciente da atenção do analista no tratamento. Esta apreciação 'constante' e continuadamente alerta decorre, por parte do analista, de uma verdadeira capacidade tonal de se acordar às sensibilidades do paciente. E é a esta condição que se agarra firmemente (*fest-halten*) o ponto de apoio analítico da experiência.[21]

Para Fédida[22], são essas considerações que remetem às implicações inerentes ao tratamento enquanto tal, isto é, a processos que põem em questão o que se passa entre analista e paciente e nos levam a tomar alguma distância com relação à ideia de neutralidade do analista. Não que este seja um conceito a ser abandonado, mas deve ser transformado pela experiência que instaura – como veremos posteriormente com o conceito de "neutro".

Dos processos que põem em questão a relação analista-paciente, podemos ilustrar, por exemplo, a clínica da depressão: "O psicoterapeuta deve se permitir ser invadido pela lentificação da sensorialidade vinda do paciente, sem

---

[21]FÉDIDA, P. (Org). *Comunicação e Representação*. Trad. Cláudia Berliner. São Paulo: Escuta, 1989, p. 101.
[22]*Ibid*.

perder contato com sua própria depressividade"[23]. Para esses autores, a escuta psicoterapêutica da depressividade no sujeito em tratamento penetra transferencialmente o psiquismo vazio do psicoterapeuta, fazendo vir à tona sensações, imagens, sonhos e fantasias – trata-se de "atravessar o inverno transferencial sem perder contato com a sua própria depressividade"[24]. O sonho focalizado aqui como paradigma formador da metapsicologia, e também da escuta analítica, cujas regras seriam as de uma psicose controlada que solicita um trabalho interpretativo.

> Ora, como a sessão de psicanálise funda-se, por sua vez, no peculiar contrato que se formula explicitamente a cada vez que um tratamento tem início e que é determinado por suas regras fundamentais – a que leva o sujeito a dizer tudo o que lhe vem à consciência e a que leva o psicanalista à escuta equiflutuante –, poder-se-ia dizer, então, que o encontro que ocorre regido por essas duas regras produz um sonho, uma psicose controlada, que solicita um trabalho interpretativo produzido pelo eu – eu do psicanalista, eu do sujeito, eu de ambos.[25]

---

[23]BERLINCK, M. T.; FEDIDA, P. A clínica da depressão: questões atuais. *Rev. latinoam. psicopatol. fundam.*, São Paulo, v. 3, n. 2, p. 20, June 2000. Disponível em <http://www.scielo.br/scielo.php?script=sci_arttext&pid=S1415-47142000000200009&lng=en&nrm=iso>. Acesso em 10 June 2018. http://dx.doi.org/10.1590/1415-47142000002002.
[24]BERLINCK, M. T.; FEDIDA, P. A clínica da depressão: questões atuais. *Rev. latinoam. psicopatol. fundam.*, São Paulo, v. 3, n. 2, p. 20, June 2000. Disponível em <http://www.scielo.br/scielo.php?script=sci_arttext&pid=S1415-47142000000200009&lng=en&nrm=iso>. Acesso em 10 June 2018. http://dx.doi.org/10.1590/1415-47142000002002
[25]BERLINCK, M. T. *Psicopatologia Fundamental*. São Paulo: Escuta, 2000, p.119.

Ser analisado torna-se, assim, uma condição para que o analista disponha da mobilidade psíquica suficiente para tornar-se sensível às variações da atenção equiflutuante (em suspenso, com neutralidade). Enquanto função, Fédida diz que essa atenção deve ser "harmônica": ao mesmo tempo ressonância e discernimento. Usando como paradigma o musical, o harmônico não é a harmonia e é menos ainda o harmonioso. Dos contrários reunidos resulta o harmônico, o qual é uma "atividade de discernimento musical das tonalidades entre si por ressonância"[26]. A condição que se coloca, assim, do analista ser analisado impõe também que se mantenha "analisável", mantendo sua capacidade ressonante, para conservar seu lugar de analista, sustentando a situação analítica.

Acompanhando Ferenczi, Fédida considera a metapsicologia dos processos psíquicos do analista na técnica psicanalítica, e é partir desse pressuposto que Helena Maria Melo Dias (2007) elabora uma cuidadosa Tese de Doutorado, orientada por Manoel Berlinck, que investiga o fenômeno da contratransferência, com o objetivo de ressaltar sua relevância teórica e clínica na psicanálise. Para Fédida, a contratransferência "seria a capacidade do analista de observar e de compreender suas próprias reações íntimas àquilo que o paciente lhe comunica"[27].

> Sua concepção de contratransferência tem como modelo implícito a relação fictícia mãe-bebê, na qual a mãe é uma

---

[26]FÉDIDA, P. (Org). *Comunicação e Representação*. Trad. Cláudia Berliner. São Paulo: Escuta, 1989, p. 96.
[27]FÉDIDA, P. *Nome, Figura e Memória. A linguagem na situação psicanalítica*. Trad. Martha Gambini e Cláudia Berliner. São Paulo: Escuta, 1991, p. 68.

> receptora capaz de ressonância com o estado psíquico da criança para ativação da linguagem e consequente alívio de seu sofrimento. Ele identifica na contratransferência uma função que regula a "experiência intersubjetiva" analista-paciente e tem a função de para-excitação, que se rege em nível pré-consciente capaz de nomeação. Isso é o que sustenta o enquadre analítico como espaço de potência, que engendra a situação analítica.[28]

O interesse desta noção de contratransferência[29] está em designar o aspecto a-comunicacional da transferência, abrindo a problemática das modalidades da comunicação que são internas aos processos de transferência. É assim que Fédida desenvolve uma metapsicologia da situação analítica e da atividade de linguagem. Sobre isso, ela afirma: "Efetivamente a referência ao paradigma do sonho faz do ato de escutar em psicanálise um ato de linguagem", e acrescenta: "Caso o interesse do analista dirija-se aos dispositivos e aos processos de comunicação, o sonho perde sua função referencial e, juntamente com ele, aquilo que significa psicanaliticamente pensar, associar, escutar. A fala sofre então o abandono do paradigma do sonho."[30] Portanto, não se trata de focalizar os processos de comunicação, mas de linguagem – a linguagem do inconsciente.

---

[28]DIAS, H. M. M. Contratransferência: um dispositivo clínico psicanalítico. Tese (Doutorado). Programa de estudos Pós-Graduados em Psicologia Clínica, Pontifícia Universidade Católica de São Paulo, São Paulo, 2007, p. 221. Disponível em https://tede2.pucsp.br/handle/handle/15628 Acesso em 08 de agosto de 2019.

[29]FÉDIDA, P. (Org). *Comunicação e Representação*. Trad. Cláudia Berliner. São Paulo: Escuta, 1989, p. 95.

[30]FÉDIDA, P. *Nome, Figura e Memória. A linguagem na situação psicanalítica*. Trad. Martha Gambini e Cláudia Berliner. São Paulo: Escuta, 1991, p. 45.

Retomamos brevemente as principais características do sonho como a verdadeira estrada para o inconsciente, conforme Freud (1900) nos revela em "A interpretação dos sonhos". São seis categorias do processo onírico: sonhos são realizações desejos, as ideias oníricas são de caráter alucinatório, o que leva à terceira categoria, que são suas conexões absurdas, contraditórias e loucas. Na quarta categoria onírica está a ausência de descargas motoras. Na quinta categoria está a fraca memória e, até mesmo, a amnésia que temos dos sonhos, mas que, no entanto, a consciência está sempre presente, acompanhando o processo onírico, como ocorre na vida desperta.

> O sonho tem um sentido, e esse sentido é correlativo do trabalho de interpretação. A explicação "neurológica" cede lugar a uma decifração do sentido. É nesse momento que se articulam o desejo e a linguagem. E é por pertença à linguagem que o sonho vai tornar-se modelo para a compreensão dos sintomas, dos mitos, das religiões, da obra de arte como formas dissimuladas do desejo. Essa é a razão pela qual Freud afirma que o sonho é o pórtico real da psicanálise.[31]

Berlinck, em seu texto "O sonho como lugar da experiência"[32], diz que Freud, no capítulo II de *Traumdeutung,* estabelece uma diferenciação caracteriológica entre o que pensa e o que observa o acontecer de seus próprios processos mentais. O sonho requer uma interpretação, a qual não

---

[31]GARCIA-ROZA, L. A. *Freud e o inconsciente*. Rio de Janeiro: Jorge Zahar, 2004, 20. Ed., p. 60.
[32]BERLINCK, M. T. *Psicopatologia Fundamental*. São Paulo: Escuta, 2000, p. 118.

é derivada de um raciocínio, mas de uma observação, como acontece diante da obra de arte.

> Ora, é aqui que Freud propõe que a interpretação psicanalítica não possui raízes iluministas, mas se ancora no significante, ou seja, na observação do acontecer psíquico que solicita um trabalho também psíquico (e não iluminista) para ser, enfim, compreendido. Em outras palavras, o saber que aí está explicitado, pela interpretação, não visa o controle da natureza – cerne mesmo da razão iluminista –, mas, constitui uma experiência que leva à obra de arte.[33]

Fédida, em seu texto "Do sonho à linguagem", insiste veementemente que "a psicanálise não pode, de forma alguma, constituir-se como uma teoria da comunicação"[34]. Tecnicamente, ela é uma ruptura da comunicação, e se a metapsicologia da transferência e da contratransferência for concebida como uma teoria da intersubjetividade, há um equívoco. No entanto, afirmar que a psicanálise rompe com a comunicação, como no trabalho do sonho, não significa que o psicanalista seja insensível às várias demandas de comunicação do paciente com ele. Não significa também que não haja uma dimensão intersubjetiva que regula a sensibilidade (tato) com respeito à realidade psíquica do outro. A disponibilidade à regressão faz do analista, em certas situações, aquele que deve receber a impressão dos restos de vida que ele estaria encarregado de sonhar no lugar do paciente[35].

---

[33]*Ibid.*

[34]FÉDIDA, P. *Nome, Figura e Memória. A linguagem na situação psicanalítica.* Trad. Martha Gambini e Cláudia Berliner. São Paulo: Escuta, 1991, p. 20-21.

[35]FÉDIDA, P. *O Sitio do Estrangeiro, a situação psicanalítica*. Trad. Cláudia Berliner. São Paulo: Escuta, 1996.

Existe, então, em um tratamento analítico, uma complexidade de modalidades de comunicação: "a clínica analítica não seria aquilo que se é se ela não fosse uma atenção constante às modificações 'críticas' que ocorrem na relação analista-paciente"[36]. A linguagem na situação analítica sofre, assim, modificações em relação com a fala e a língua:

> A linguagem não é pois simples instrumento de comunicação de informações em relação ao qual o sujeito da fala se manteria numa relação de exterioridade. Ao insistir no paradigma do sonho, no caráter a-social, a-comunicacional da linguagem na análise, em que a situação analítica constitui-se justamente em ruptura com a fala comunicativa, informativa, Fédida contrapõe-se às concepções hoje dominantes na psicanálise, em que as falas são entendidas em termos de comunicação entre duas pessoas e a transferência como relação interpessoal.[37]

A ruptura com a fala comunicativa, informativa é justamente o que ilustra a clínica da neurose, da histeria: "Ela simplesmente pega as palavras ao pé da letra, e esta preensão restabelece o sentido original da palavra, a força da palavra original, sua força motriz: as palavras tomadas ao pé da letra são fixadas corporalmente."[38]

[36]FÉDIDA, P. *Nome, Figura e Memória. A linguagem na situação psicanalítica*. Trad. Martha Gambini e Cláudia Berliner. São Paulo: Escuta, 1991, p. 21.
[37]MENEZES, L. C. Apresentação. In: FÉDIDA, P. *Nome, Figura e Memória*. Trad. Martha Gambine e Cláudia Berliner. São Paulo: Escuta, 1991, p. 9.
[38]GRIBINSKY-NYSEBAUM, S. Longtemp L'homme à cru. *L´écrit du temp*, nº 8-9, p. 137, 1985.

Para Berlinck, em seu texto "Função e campo da transferência na psicanálise"[39], é necessário observar como as histerias de angústia e de conversão ficam onto e filogeneticamente fora do âmbito da palavra, e é absolutamente necessário que a escuta do psicanalista ultrapasse a audição do relato para que a psicanálise ocorra.

> Prefiro pensar o problema da palavra na psicanálise seguindo a abordagem proposta por Pierre Fédida, para quem a palavra que é propriamente psicanalítica é a que possibilita, no enquadre, o desenrolar das neuroses de transferência, sustentando a atenção equiflutuante do analista em direção a um mitopoiético epopéico que se deve ao deslocamento do discurso do sujeito de uma narrativa neurótica, que corresponde ao mito individual do neurótico, para uma estrutura outra que contempla a multiplicidade das narrativas oferecidas pela cultura no amplo sentido da filogênese.[40]

Tanto na lesão de órgão quanto na disposição à neurose, existem importantes elementos da psicopatologia que não estão no domínio da palavra, mas que se atualizam transferencialmente na clínica e que devem ser "escutados" pelo analista – torna-se evidente, portanto, para Berlinck[41], que a psicanálise ultrapasse em muito o âmbito da palavra, ainda que seja uma *talking cure* na qual o problema do afeto entra em jogo através da palavra.

---

[39]BERLINCK, M. T. *Psicopatologia Fundamental*. São Paulo: Escuta, 2000, p. 247-248.
[40]Ibid., p. 255.
[41]*Ibid.*

A questão para a clínica torna-se então, sobretudo, como "escutar" essa linguagem que se dá através da palavra, mas que significa um não mentir, diferentemente da palavra que é feita para mentir, e que está do lado da sedução – o paradigma do sonho não é só o da metapsicologia, mas é, também, o da escuta em situação analítica. "A palavra é às vezes feita para anular a separação entre dois corpos – eis porque posso dizer que a 'palavra mente' – e é exatamente com a palavra 'amor' que a palavra mente mais."[42] É preciso que as palavras emanem do próprio paciente e a metáfora tome seu verdadeiro sentido poético enquanto linguagem, da recriação constante da língua na palavra.

No entanto, não se trata – como vimos com Fédida – de uma técnica da comunicação que precede um tratamento, nem de uma teoria da comunicação que pode garantir a compreensão do que acontece: "é por não ser nem uma teoria nem uma técnica da comunicação que a psicanálise retira seu poder de fazer com que se produzam 'fenômenos' de comunicação, de isolá-los como formações sintomáticas e de tornar possíveis suas transformações."[43]

O paciente, segundo Fédida[44], endereça tranferencialmente ao analista demandas diferentes num mesmo momento, passadas e atuais (inclusive de sua relação atual com o analista), e cabe ao analista escutá-las de maneira distinta, não se identificando "como um lugar monolítico": uma imagem parental unívoca, imobilizante. Ao investir o

---

[42]FÉDIDA, P. *Clínica Psicanalítica. Estudos*. Trad. Martha Gambini e Cláudia Berliner. São Paulo: Escuta, 1988, p. 52.
[43]FÉDIDA, P. *Nome, Figura e Memória. A linguagem na situação psicanalítica*. Trad. Martha Gambini e Cláudia Berliner. São Paulo: Escuta, 1991, p. 21.
[44]FÉDIDA, P. (Org). *Comunicação e Representação*. Trad. Cláudia Berliner. São Paulo: Escuta, 1989, p.107.

analista de um saber sobre si, o paciente "espera" que suas necessidades vitais sejam adivinhadas. Se "o analista concebe esta 'espera' de seu saber como a procura de um reasseguramento por uma espécie de saber psicológico, fecha-se então uma formação de domínio e responde à espera do paciente com uma sobrecarga de uma figura superegóica totalitária [...]"[45].

Para Fédida[46], o paciente faz do analista aquele que representa o Ideal do eu ideal. Nestas circunstâncias, o analista é investido com totalidade de formas de poder, de ser o redentor da falta do paciente, de ser o recriador de tudo. Mas o psicanalista não pode aceitar essa posição, pois ele transformaria a transferência em alienação. Se isto acontece, o analista não apenas produz a cena traumática analítica, mas torna-se impotente para escutar as demandas simultâneas e distintas que aparecem contraditórias. "O traumático é, ao mesmo tempo, reproduzido e produzido pela massificação do analista sob qual forma seja."[47]

No entanto, é através de uma apropriação subjetiva do 'efeito do afeto', quando o paciente cria um duplo simbiótico exatamente igual a si mesmo ou quando dirige desejos ambivalentes ou de intimidade ao analista, que esse, ao invés de siderar-se, adquire os meios para pensar uma implicação inconsciente do cenário do paciente que pode levar ou não a uma possível interpretação. Normalmente, são momentos de muita confusão, de embaçamento ou destruição de uma

---

[45]*Ibid.*, p.108.
[46]FÉDIDA, P. *Clínica Psicanalítica. Estudos*. Trad. Martha Gambini e Cláudia Berliner. São Paulo: Escuta, 1988, p. 43.
[47]FÉDIDA, P. (Org). *Comunicação e Representação*. Trad. Cláudia Berliner. São Paulo: Escuta, 1989, p.108.

figura sentida pelo paciente como protetora, mas que pode ser, também, "um 'momento de criação' na medida em que a confusão é condição 'informe' da construção especular"[48].

> O momento implícito da contratransferência é o de uma relação fictícia mãe-filho onde a mãe se faz receptora do que acontece com seu filho: experimenta uma angústia que a desperta para o perigo, que aumenta acuidade da percepção de si mesma e do filho, restitui a este, através de palavras e de gestos adequados, a significação distinta do que ele experimenta, portanto, sem confusão com sua própria. Dito de outra forma, a angústia contratransferencial do analista poderia ser, idealmente, a de uma mãe capaz de 'ressonância' com o estado da criança, de 'continência' das energias desta angústia, de 'metabolização' e de 'metaforização' dos afetos confundidos que tendem a transbordar na criança. É, portanto, o modelo da relação mãe-filho que aqui regula a função de experiência inter-subjetiva da contratransferência e que faz desta um dipositivo pré-consciente apropriado para dar, na linguagem, ressonância aos diferentes estados vivenciados pelo paciente. Nestas condições, a angústia contratransferencial não aparece apenas como uma "resposta", mas sim como um 'momento crítico da atenção' e, assim sendo, como instante analítico de constituição da interpretação.[49]

A elasticidade que se requer da técnica é a função de vigilância pré-consciente dos momentos críticos e é,

---

[48]FÉDIDA, P. *Clínica Psicanalítica. Estudos.* Trad. Martha Gambini e Cláudia Berliner. São Paulo: Escuta, 1988, p. 74.
[49]*Ibid.*, p. 74-75.

também, a mobilidade psíquica mais conveniente à técnica psicanalítica, pois permite ao analista se perceber de diferentes maneiras na cena transferencial do paciente. "Se a pessoa do analista se tornar 'demasiadamente presente', ela acabará por legitimar uma falsa conexão – *eine falsche Verknüpfung* – e, nessas condições, por fazer de seu 'próprio eu' a representação superestimada de um alvo acomodado por uma 'resposta'."[50]

> Mas toda 'fala de resposta', isto é, toda fala que tende a fazer com que o analista se identifique – ainda que momentaneamente – ao destinatário da fala, ou a se "implicar" no papel de objeto transferencial da fala, 'des-instaura' a situação analítica e produz as condições de sinistro da transferência na contratransferência. (...) O interesse psicoterápico de tais cirunstâncias não deve esconder que o analista se expõe então a permanecer por muito tempo o 'parceiro imaginário' encravado (eventualmente delirante) do paciente.[51]

Não devemos procurar levar o paciente à síntese, isto é antipsicanalítico, adverte-nos Fédida[52], O sucesso alcançado na síntese, que são as psicoterapias sintéticas, acontece quando o paciente faz da identificação ao eu, ou da incorporação do eu do terapeuta, tomado por objeto total, um sintoma-síntese.

---

[50]FÉDIDA, P. *Nome, Figura e Memória. A linguagem na situação psicanalítica*. Trad. Martha Gambini e Cláudia Berliner. São Paulo: Escuta, 1991, P. 58-59.
[51]FÉDIDA, P. *Clínica Psicanalítica. Estudos*. Trad. Martha Gambini e Cláudia Berliner. São Paulo: Escuta, 1988, p. 83.
[52]*Ibid*., p. 46.

> Gostaria de acrescentar que na posição analítica a síntese não é possível. Na verdade não há dialética. Há amor. No amor há pulsões parciais, há sempre o amor mais a morte, o amor mais o ódio, há sempre o amor 'mais' o negativo. Análise é estar sempre em contato com o negativo. É pender para a báscula do negativo. Nestas condições, até o fim do tratamento, o analista é aquele que ocupa a posição da insistência no negativo. (...) E é a presença do negativo que analisa o amor.[53]

A questão do traumático no tratamento em ligação com uma metapsicologia da técnica e de uma metapsicologia dos processos psíquicos do analista para Ferenczi durante a análise nos permite, segundo Fédida[54], uma reavaliação da comunicação no tratamento, como já vimos anteriormente, e que se trata do negativo ser reconhecido como a existência da linguagem e não da morte, como muitas vezes os pacientes temem. Essa reavaliação é solicitada pela percepção que o analista adquire nos momentos críticos das sessões e deveria levar, segundo o autor, a fazer evoluir junto, principalmente os seguintes eixos de questionamento que não são absolutamente exaustivos:

- a referência ao infantil, incluída no sonho e na rememoração;
- a função da fala/escuta nas suas dimensões conexas de atenção equiflutuante e de associatividade; em continuidade, o estatuto da resistência;

---

[53]*Ibid.*, p. 47.

[54]FÉDIDA, P. (Org). *Comunicação e Representação*. Trad. Cláudia Berliner. São Paulo: Escuta, 1989, p. 109.

- a acepção que recebe, por parte da psicanálise, a noção de crise ou de fenômeno crítico em ligação com a de processo psíquico; nestas condições que valor atribuir ainda à ideia de co-funcionamento psíquico no tratamento?
- uma metapsicologia da transferência e da contratransferência; nesta via, seria necessário se interrogar sobre a legitimidade da noção de contratransferência.[55]

A situação analítica, que deveria fazer evoluir os eixos acima, pode ser descrita como um "lugar", reconhecendo-lhe, segundo Fédida[56], uma organização cênica cujo paradigma é o sonho, como já vimos. Isso indica primeiramente que se trata de um "sítio", e que este sítio é o do "estrangeiro", que na situação analítica descobre a fala quando esta se surpreende escutando aquilo que diz, apropriando-se das palavras pela fala – desde que esta seja regulada pelo tempo que esta dispõe para escutar-se dizer e desde que se despoje daquilo que acredita possuir: algo entre o sonho e o dito espirituoso.

Essa apropriação é então produzida a partir do estrangeiro, estar numa cena radicalmente diferente da do paciente "e ela poderia muito bem ser chamada tabu de *Anerkennung* (reconhecimento), quanto *Anderken* (lembrança)"[57]. No entanto, não é disso apenas que se trata na clínica psicanalítica: "Sabemos que o paciente se lembra, mas aquilo de que se lembra não o liberta do complexo inconsciente.

---

[55]*Ibid.*
[56]FÉDIDA, P. *Nome, Figura e Memória. A linguagem na situação psicanalítica.* Trad. Martha Gambini e Cláudia Berliner. São Paulo: Escuta, 1991, p 61.
[57]*Ibid.*

Só aquilo que ele vive é da ordem da rememoração. Assim é que o fenômeno transferencial é um fenômeno de amor amnésico."[58] Como diz Pontalis: "Nossas memórias para serem vivas, nossa psique, para ser animada, devem se encarnar."[59]

O lugar do analista é o da posição de metáfora, uma posição dissimétrica: "a situação psicoterápica desenrola-se na relação dissimétrica. Esta é a posição do analista."[60] Quer dizer que o analista não está no lugar simétrico que o "espelho" parece reproduzir e no qual o paciente quer tomá-lo, como monólito. A posição dissimétrica é da imagem virtual do espelho na qual o trabalho psíquico pode-se operar, sem fascinação recíproca. "Se a escuta do analista consegue ser, no silêncio, atividade de linguagem e ativação do figurável, a fala do analisando encontra pouco a pouco as condições de seu próprio silêncio e, então, de seu tempo associativo."[61]

Para o autor, quem considerar a língua somente por seu valor habitual de significação e de comunicação, conseguirá apenas descrever ou representar as coisas, anulando a situação analítica.

> Com a justificativa de nada acrescentar à coisa e de considerá-la objetivamente, a descrição neutraliza o estrangeiro. Descrever ou representar aquilo que se vê provoca uma dissociação entre olhar e fala e, assim, a perda do olhar que

---

[58]FÉDIDA, P. *Clínica Psicanalítica. Estudos*. Trad. Martha Gambini e Cláudia Berliner. São Paulo: Escuta, 1988, p. 57.
[59]PONTALIS, J. B. Processo ou travessia? *J. psicanal.*, São Paulo, 31(57): 274, set.1998.
[60]FÉDIDA, P. *Clínica Psicanalítica. Estudos*. Trad. Martha Gambini e Cláudia Berliner. São Paulo: Escuta, 1988, p. 65.
[61]*Ibid.*, p. 78.

> a língua porta em si. Essa relação do olhar com a fala é a condição do ato poético de uma fundação da língua.[62]

O sítio do estrangeiro no interior da língua falada é o lugar de engendramento da metáfora, que efetua uma "tradução" e uma "transferência". Como tradução, supõe que aquele que fala sua própria língua se mantém nela inteiramente como estrangeiro, deixando-se surpreender pela vinda da língua a ele, essa que lhe ressoa trazendo-lhe metaforicamente o estranho de si mesmo. Como transferência, quando consideramos o movimento impossível que é ao mesmo tempo mensageiro e intérprete entre as coisas e as palavras que se dão a ver[63]. Garantir assim a situação analítica ou restaurá-la corresponde ao analista poder manter a posição de "estranho íntimo", que é, de certa forma, a condição temporal da essencial dissimetria[64].

Voltamos assim à regra da atenção equiflutuante e sua função harmônica de ressonância e discernimento que permite poeticamente a reunião dos contrários, daquilo que não se diz e, no entanto, não cessa de se inscrever como transferência. O silêncio do analista instaura o estrangeiro, a não resposta no princípio da fala, "na noite em que ela se move, em proximidade com o sonho da qual ela provém. O corpo estará aí violentamente presente e é apenas da escuta que ele receberá – do estrangeiro – a metáfora singular de seu pensamento"[65]. Ou seja, ser estranho confere sua plena significação ao neutro.

---

[62]FÉDIDA, P. *Nome, Figura e Memória. A linguagem na situação psicanalítica*. Trad. Martha Gambini e Cláudia Berliner. São Paulo: Escuta, 1991, p 52.
[63]*Ibid.*, p 55.
[64]FÉDIDA, P. *Clínica Psicanalítica. Estudos*. Trad. Martha Gambini e Cláudia Berliner. São Paulo: Escuta, 1988, p. 78.
[65]*Ibid.*, p. 62.

O neutro é caracterizado pela capacidade de recepção que confere a máxima chance de linguagem: é instaurado por esta recusa da resposta, pois é a não resposta que dispõe da negatividade constitutiva da linguagem que Fédida[66] designa sob o nome de *epos* – capacidade de despertar do nome e passado anacrônico do infantil. "Se, ao falar o analisando entra nos tempos implicados de sua fala e pressente suas significâncias transferenciais, o pano de fundo é o silêncio do neutro."[67] Trata-se de um lugar fundante da transferência e não um privilégio do eu do analista e sua capacidade de pensamento. Para Berlinck, é nesta fundamentação que "o campo da transferência por sua vez, inclui toda a filogênese, que solicita uma escuta daquilo que não se diz na palavra, que não se põe em palavras no relato do sujeito, a não ser como ausência que se faz presente no corpo e na transferência corpo a corpo"[68].

Temos que nos ater, no entanto, que uma metapsicologia dos processos psíquicos do analista tem que levar em conta as condições "artificiais" nas quais ele trabalha. Essas condições são artificiais no sentido de que supõem uma erosão do cotidiano que necessitamos para o equilíbrio narcisista ao imporem, por exemplo: regularidade de sessões, de duração, imobilidade num mesmo lugar, abstração sensorial, silêncio. O alimento narcísico de que dispõe é o que lhe fornecem seus pacientes. Pensar nessas condições implica uma abertura para se pensar no que Fédida chama "a elaboração de

---

[66]FÉDIDA, P. *Nome, Figura e Memória. A linguagem na situação psicanalítica.* Trad. Martha Gambini e Cláudia Berliner. São Paulo: Escuta, 1991, p 71.
[67]*Ibid.*, p 72.
[68]BERLINCK, M. T. *Psicopatologia Fundamental.* São Paulo: Escuta, 2000, p. 249.

uma higiene particular do analista"[69] – daí a importância de cuidar-se quem cuida.

Para finalizar sobre as contribuições de Fédida à clínica psicanalítica, vamos nos debruçar sobre os sentidos dos fins da análise, conforme ele desenvolve ao fim de seu livro *Clínica psicanalítica: estudos*[70], de 1988. Para ele, o tempo do tratamento é a duração necessária para que uma fala receba de si mesma – desde o lugar da linguagem – sua própria condição (ou capacidade) de ressonância e, assim, o poder de expansão de seus tempos em movimento. Acredita, assim, que uma sessão instantânea aniquilaria a fala, pois não permitiria ao paciente o tempo para se escutar dizer.

> O infinito é o "perfeito de um impassado". É este o sentido que o infinito recebe do "epos" da situação analítica. Este "epos" só pode se constituir em função "deste estranho, vago e profundo outrem que é o psicanalista". Quanto a mim, eu o chamo de "o estranho". O estranho é o lugar íntimo da fala – lá onde ela rompe com toda intenção de comunicação. O fato de o analista significar esta ruptura incita, com efeito, os tempos da fala e ficarem livres de qualquer comunicação.[71]

A liberdade da fala de qualquer comunicação, ou seja, a fala enquanto infinita como linguagem a ser escutada, coloca a questão da análise sem fim, visto que aquilo que

---

[69]FÉDIDA, P. (Org). *Comunicação e Representação*. Trad. Cláudia Berliner. São Paulo: Escuta, 1989, p. 98.
[70]FÉDIDA, P. *Clínica Psicanalítica. Estudos*. Trad. Martha Gambini e Cláudia Berliner. São Paulo: Escuta, 1988.
[71]*Ibid.*, p. 122.

toma a palavra é o incessante e o interminável. Fédida ainda acrescenta que quer se trate de felicidade, de cura, de capacidade de relação pessoal ou mesmo de se tornar analista, toda finalidade de uma análise abarcada por uma representação-meta, por um objetivo, correria o risco de manter o analisando, assim como o analista, numa interminável espera de sua realização pelo "trabalho" do tratamento. A ideia de progresso impediria a regressão e os desdobramentos no tempo que são necessários para que uma análise se dê. E por fim, Fédida nos questiona: "Os tratamentos que não conseguem ser terminados não seriam aqueles onde a análise nunca pôde começar?"[72] O fim de uma análise significa realizar então, seu próprio ofício: decompor, escandir o dito do que se entendeu daquilo que se escutou. No fim, é a própria experiência analítica que autoriza a afirmar se alguém foi analisado ou não, ou seja, retomamos a importância da metapsicologia e da ética da técnica psicanalítica, que foram tão bem enunciadas por Pierre Fédida.

---

[72] *Ibid.*, p. 123.

Mais, ainda...

Lacan no século XX – o timoneiro que mudou o rumo da psicanálise com sua leitura rigorosa, corajosa e vertiginosa do freudismo.

O texto a seguir não é um apêndice, pois não é um acréscimo ou prolongamento, é um capítulo "à parte" que opera na estrutura deste livro como – numa expressão do próprio autor – um "looping do après coup".

9 ...

Desejar é não ter. Gozar é não ser. Mas a recíproca não é verdadeira.

••• Alfredo Jerusalinsky

Tinham-se passado apenas três anos do Congresso de Marienbad (Lacan apresentou nele "O estádio do espelho" baseado nas notas que Françoise Dolto havia tomado de uma exposição oral pronunciada por ele durante uma reunião da nascente Sociedade Francesa de Psicanálise) quando Marie Bonaparte fecha as portas do Instituto de Psicanálise, porque a atividade tornou-se inviável, à época, pela presença do nazismo no poder.

A prática de uma ética que colocasse em ato o desejo inconsciente como a via fundamental de acesso à saúde mental implicava, e ainda hoje implica, em um confronto com o imperativo unívoco e, portanto, totalitário, da submissão desse sujeito do inconsciente à vontade de um Outro que somente reconhece como legítimo aquilo que ele quer.

A obra de Lacan, embrenhada nos debates acerca da etiologia da loucura, estava nos seus primórdios, mas, inevitavelmente atravessada pela violência de um discurso que pretendia fazer de uma suposta razão pura o fundamento único de um bem universal.

OS 25 CONCEITOS FUNDAMENTAIS DE LACAN

Anotamos à continuação os conceitos cuja leitura em Lacan provocou em nós uma torção definitiva no modo de intervir na nossa clínica assim como incorporar ao elenco dos modos do ato psicanalítico também aqueles que, em qualquer tempo, meio ou lugar provocam corte na articulação do sujeito com o discurso. Reconhecendo, por exemplo, a legítima valia que, para além de sua condição leiga, as artes e o humor, a literatura, têm como emergentes desveladores do inconsciente. Reconhecimento que, se bem já estava presente na obra freudiana, precisou de que Lacan viesse a desembaraçar novamente a psicanálise da reincidente tentativa de uma limitação medicalista para ela recuperar seu vigor crítico como quarto discurso.

Cabe ao leitor, segundo a confiabilidade que venha a nos atribuir, sua decisão de percorrer os continentes lacanianos orientados ou não por este mapa:

1. O estádio do espelho
2. O objeto pequeno 'a'
3. A série significante (a inversão da determinação do sentido)[1]

---

[1]"O homem literalmente consagra seu tempo a desdobrar a alternativa estrutural em que a presença e a ausência tomam uma da outra sua chamada. É no momento de sua conjunção essencial e no ponto zero de seu desejo onde o objeto humano cai sob o efeito da captura, que, anulando sua propriedade natural, o submete a partir desse momento às condições

4. O inconsciente está estruturado como uma linguagem
5. O sujeito é o que representa um significante para outro significante
6. A transferência como sujeito suposto saber
7. O "je" é diferente do "moi"
8. Os Nomes-do-Pai
9. Os quatro discursos
10. O tempo lógico
11. A dialética negativa do outro com o Outro[2]
12. Os três registros

de símbolo [...] tem aqui um vislumbre iluminador da entrada do indivíduo numa ordem cuja massa o sustenta o acolhe sob a forma da linguagem, e sobre imprime na diacronia e na sincronia a determinação do significante e do significado", (LACAN, J. (1959) "O Seminário sobre "A Carta Roubada" In: LACAN, J. (1966) *Escritos*. Rio de Janeiro: Jorge Zahar Ed., 1998, p. 51, tradução modificada pelo autor).

[2]"Como não tentar romper essa ambiguidade hegeliana? Como não se deixar conduzir por outra via a partir do que nos é dado por uma experiência onde se trata sempre de voltar para cingi-la melhor, a experiência psicanalítica, e mais simplesmente a partir do um uso do Significante que pode se definir por partir essencialmente da clivagem de um Significante Amo justamente com esse corpo do qual acabamos de falar, esse corpo perdido pelo escravo para ele não devir outra coisa do que aquele onde se inscrevem todos os outros significantes. É de essa forma que poderíamos imaginar esse saber que Freud definiu colocando esse parêntese enigmático da *Urverdräng*, o que quer dizer justamente o que não precisou ser recalcado, porque já está recalcado na sua origem, esse saber sem cabeça[...], que constitui um fato politicamente definível em estruturas [...] É aquilo que mostrei para vocês como o que tem de natureza afim o discurso do Amo com a matemática. Ali "A" (O grande Outro) se representa a si mesmo, sem necessidade de um discurso mítico que lhe forneça suas relações em qualquer outro lugar. É por aí que a matemática representa o saber do Amo enquanto constituído sobre outras leis do que aquelas vindas de um saber mítico." (LACAN, J. (1969, 1970) O *seminário, livro 17: o avesso da psicanálise*. Rio de janeiro: Jorge Zahar ed., p. 84, aula de 18 de fevereiro de 1970. Tradução modificada pelo autor).

13. O Traço Unário[3]
14. A lógica do fantasma
15. A dialética entre o gozo e o desejo
16. Intensão e extensão em psicanálise
17. O Nome-do-Pai e a função paterna[4]
18. O matema, a topologia e a escrita do Real
19. O declínio da imago paterna, A mulher não existe e não há relação sexual
20. O sinthome
21. A subversão do sujeito e a direção da cura
22. A etiologia das psicoses e seu tratamento possível[5]

---

[3][...] o que temos de articular aqui é que ao inverter a polaridade de essa função da unidade, ao abandonar a unidade unificante, o *Einheit*, para tomarmos a unidade distintiva, o *Einzigkeit*, vos conduzo ao ponto de colocar a questão de definir, de articular passo a passo a solidariedade do estatuto do sujeito enquanto que ligada à esse traço unário [...] adiantado por Freud no que se chama o narcisismo das pequenas diferenças [...] (LACAN, J. (1961-1962) Seminário 9, "A Identificação", aula 11, 28 de fevereiro de 1962. Inédito.).

[4][...] se põe precisamente o laço de amor e respeito pelo qual a mãe coloca ou não o pai no seu lugar ideal. Curioso[...] que não se levem muito em conta os mesmos laços no sentido inverso, no que se manifesta que a teoria participa do véu lançado sobre o coito dos pais pela amnésia infantil. Mas sobre o que queremos insistir é sobre o fato de que não é somente da maneira em que a mãe se liga à pessoa do pai do que convém se ocupar, mas do caso que ela faz de sua palavra [...] de sua autoridade, dito de outro modo do lugar que ela reserva ao Nome-do-Pai na promoção da lei. (LACAN, J. "De uma questão preliminar a todo tratamento possível da psicose" In: LACAN, J. (1966) *Escritos*. Rio de Janeiro: Jorge Zahar Ed., 1998, p. 585, tradução modificada pelo autor).

[5]Todo o artigo (se refere a um artigo publicado por Margaret Little) está dedicado a esse tipo de pacientes que ela denomina pacientes *borderline*, personalidades psicopáticas e que na realidade são aqueles que, segundo acredito, interessaria a nós chamar de estruturas psicóticas. Acrescento que aqui se percebe o interesse que ofereceria efetuar uma diferença entre estrutura psicótica e psicose clínica ou psicose sintomática [...] (LACAN,

23. Alienação, separação e sua articulação com os complexos familiares: os três tempos do Complexo de Édipo
24. Sou onde não penso
25. O mito individual do neurótico [6]

As três epistemes fundamentais de Lacan:

1. Interpretar o desejo.
2. Interpretar o mais de gozar.
3. Interpretar o discurso.

Na medida em que para a psicanálise a verdade não é uma questão de constatação, mas de interpretação, nós, os analistas, precisamos definir o território clínico onde se opera tal deciframento.

Estamos já há décadas de distância daquela prática em que uma enigmática empatia emocional com seu paciente ditava ao analista sua intervenção. A pesquisa e a clínica psicanalítica têm avançado o bastante para aspirar legitimamente a maiores precisões e Lacan tem fornecido instrumentos conceituais que dão corpo e método a tal aspiração.

Assinalamos a diferença entre a *epistemologia* como uma disciplina que define os princípios que conduzem a encontrar a verdade, e a *episteme* que – num ato de reconhecimento dos limites do saber – se contenta apenas com a

J. (1962-1963) *O seminário, livro 10: a angústia*. Rio de Janeiro: Zahar, 2005, aula 12, 27 de fevereiro de 1963. Tradução modificada pelo autor).

[6][...] o mito do neurótico. [...] a propósito do Homem dos Ratos mostrei a função das estruturas míticas no determinismo do sintoma. (LACAN, J. (1960-1961) O seminário, livro 8: a transferência. Rio de Janeiro: Zahar, 2010, pag. 390, aula de 24 de maio de 1961.).

definição de princípios operatórios para permitir sua eventual emergência.

Desejo, mais de gozar e discurso são as 'tocas' (às vezes os "*bunkers*") sob os quais a verdade se oculta prestes a dar o bote sob a forma mascarada do sintoma.

A "cura" psicanalítica acontece nesse desvelamento: a verdade, despida pela interpretação, perde as vestes que lhe permitiram até então esconder-se sob o artefato do sintoma.

Os filhos de Kant com Sade: Como se dirige uma cura de uma parentalidade impossível?

A leitura que Jacques Marie Lacan faz da obra de Sigmund Freud nasce na disputa entre as incidências do racionalismo alemão, a poética francesa e o organicismo psiquiátrico. Debate sobre a condição humana que tomou conta da Europa Central nas primeiras décadas do século XX. A entrada da psicanálise na cena francesa – e por sua via no resto do mundo -, com Lacan carregando sobre seus ombros esse debate, fez obstáculo decisivo para que a descoberta freudiana não ficasse reduzida a mais uma mera técnica agenciada pelo pragmatismo anglo-americano.

Lacan provavelmente teria gostado de ser um poeta, mas foi um lógico. Freud teria gostado de ser um cientista, mas descobriu precisamente o avesso da *cons-ciência*.

Kant e Sade à simples vista não parecem destinados a formar um matrimônio feliz. Por isso causa certo estranhamento o título que Lacan reservara para seu escrito "Kant ***com*** Sade" (o sublinhado é nosso). Entre o "direito irrestrito ao gozo" e "A Razão pura" como poderia vir a se estabelecer uma convergência sendo um, irrestrito, e o outro, expressão suposta de uma lei universal? O que ambos poderiam ter em comum? É somente avançar uma palavra no enunciado de cada um, colocando o acento na segunda e não em sua antecedente, para encontrarmos a resposta: "gozo" conjuga de maravilhas com "razão pura" com a simples condição (plenamente cumprida por Kant) de que essa última seja "natural" –tão natural quanto o gozo para Sade. O gozo da razão em Kant requer a crítica dela mesma no interior dela mesma (fundamento da tautologia científica contemporânea), enquanto a razão do gozo em Sade reside na dialética da oposição entre sadismo e masoquismo realizada no interior da extensão do gozo (fundamento do hedonismo contemporâneo).

Quando isso que se tem autobatizado de "Comunidade Científica Internacional" reclama da psicanálise sua insuficiente cientificidade, passa completamente inadvertido para ela que a está reclamando de insuficiência tautológica e de insuficiência hedonista.

Sendo que tautologia dá certeza e hedonismo dá gozo no limite, que outra coisa poderia acontecer senão o desejo de um bom casamento entre ambas as instâncias? Acaso não é precisamente isso o que reclama o sujeito contemporâneo (pós-moderno?) como "cura" de seu sofrido espírito?[7]

Qual escuta podemos oferecer os psicanalistas a essa reclamação que, por sua própria textura, se apresenta como demanda de realização iminente? Basta com desvendar a trama do desejo desse objeto, fruto imaginário de tal casamento impossível, e que, perante sua impossibilidade, faz

[7]Muito raramente encontramos que, para procurar auxílio perante tal angústia, proliferem os leitores de "Crítica da Razão Pura" de Emanuel Kant, ou do romance "*Juliette*" do Marquês de Sade. Mas, sim encontramos um milhão de leitores de "Casais inteligentes enriquecem juntos" de Gustavo Cerbasi, especialista em finanças pela *Stern School of Business da New York University*, com experiência em economia doméstica.

sintoma? Ou se requer também a interpretação da armadilha que o discurso da modernidade teceu tão ardilosamente? Qual a certeza de uma Penélope que podia fazer e desfazer para novamente fazer o mesmo tecido com a parcimoniosa tranquilidade de que seu sujeito (Ulysses) necessariamente retornaria de sua aventura de autonomia imaginária? Encontramo-nos com que o poder de captura de tal discurso é diretamente proporcional à fragilidade de nossa direção da cura.

Se Freud se encontrou com a oposição entre o gozo da sexualidade e a razão de uma moral (o que dá sintoma no corpo – histeria conversiva), Lacan se deparou com o casamento (não por amor, mas por conveniência) entre uma sexualidade do gozo e o apregoar de um saber absoluto (que dá sintoma na relação com o Outro – paranoia). De nossa parte, no tempo atual, suportamos a transferência de certezas não cumpridas e gozos não realizados (o que dá sintomas de destino – obsessões melancólicas, hoje rebatizadas de bipolaridade).

Um gozo gulosamente sadeano (gozar apesar do outro) conjugado com uma razão curiosamente reivindicante de "ser natural" (a organogênese universal). Os psicanalistas, então, nos perguntamos: quanta regressão da palavra para a coisa suporta o sujeito sem ele desaparecer?

Não vamos fazer desse registro um glossário que, seguramente seria acolhido com toda celebração – e voracidade – em qualquer discurso acadêmico. Não o faremos precisamente porque seria uma afronta ao estilo e modo de transmissão que Lacan inaugurou no discurso psicanalítico e que, necessariamente dito seja, custou-lhe angústias na exata proporção em que foi desdobrando as incertezas que sua audácia de explorador do inconsciente o compulsou a pesquisar.

Se Sigmund Freud se aventurou, correndo todos os riscos, nas profundezas do papel da sexualidade nas estruturas que vão do sujeito até as formas da civilização, Lacan foi – e continua a ser – o trapezista que indaga no seu próprio voo os pontos de corte e enlace das tênues e instáveis cordas da linguagem. Teias de aranhas (vale aqui com todo rigor o plural) que, na hora de confeccionar sua urdime[8], nada sabem do que nelas ficará prendido, nem dos ventos que virão açoitá-las.

Por isso preferimos colocar em ato, o que é próprio de uma práxis (ou seja, tomar a responsabilidade das consequências de cada palavra no contexto do discurso que lhe dá sua significância). Note-se que falamos aqui de "significância" e não de significação. Ou seja, do valor de ato de cada palavra e não de sua significação; já que nesse último caso tratar-se-ia de uma semiótica independente de sua circunstância. Se falarmos em significância estamos no registro do simbólico, diferentemente do caso de definirmos a instância do significante pelos princípios gramaticais de uma semiótica, o que nos levaria de fato ao campo de uma metalinguagem. Registre-se que não foram poucos os psicanalistas que orientaram sua obra no esforço de criar "dicionários psicanalíticos".

Otto Fenichel, na sua classificação psicopatológica, tendo como referente central a segunda tópica freudiana, Ego-Superego-Id. Melanie Klein, com o duplo significado – consciente–inconsciente – tendo como princípio a primeira tópica freudiana e a representação do objeto. Temos aí dois exemplos de um tratamento gramatical da lógica do sujeito, o que leva inevitavelmente a uma padronização tipológica

---

[8]Urdime: Fios paralelos que se mantém em tensão em uma moldura ou tear.

do "aparelho psíquico". Que Lacan carregue o pivô de sua obra num conceito do significante que desliga a lógica de sua significação do imaginário próprio de um mecanismo libidinal, ou mesmo de sua representação mental, deve-se certamente ao fato dele ter percebido na clínica que todo e qualquer significado em cada significante é consequência de uma função – no seu sentido lógico matemático e não lógico gramatical ou mecânico funcional – que se opera na rede do registro (RSI) em que a cada vez o significante fica capturado. Função e campo da palavra, então, enquanto significante (note-se o gerúndio substantivado) como determinante da estrutura do sujeito e seu sintoma.

É precisamente nesse ponto que toma todo seu sentido o aporte fundamental de Lacan no que tange à articulação na qual o sujeito não é ou bem individual ou bem coletivo, mas não outra coisa senão o ponto de interseção entre a cadeia significante e o discurso. Esse é o ponto de articulação entre psicanálise em intensão e psicanálise em extensão, ponto no qual o social e o individual se demonstram indissociáveis e em que o ato psicanalítico extra *seeting* não pode já ser acusado de falta de rigor ou desqualificado como mera forçagem aplicativa. É por isso que com Lacan nós, psicanalistas, escrevemos e falamos de pleno direito em todo e qualquer território onde qualquer versão do discurso provoque – impossível não os provocar – efeitos de torção nas cadeias significantes subjetivas. Não qualquer cadeia significante, mas, especificamente, aquela que representa o sujeito e seu desejo, e não qualquer discurso, mas, aquele que se faz histórica e epistemicamente presente para além de qualquer cronologia.

Cerne do tempo lógico no qual encontra sua razão o corte das sessões assim implicado na leitura do momento e da interpretação. Corte das sessões cuja medida deixa de ser cronológica em contraponto com o imaginário de certa poupança implicada na ideia das 'sessões curtas' em cujo próprio nome se confessa uma intenção de economia muito além de uma lógica de leitura do momento de interseção associativa entre o significante e o discurso. Sendo que tal interseção escapa a qualquer controle consciente antecipado, a existência do sujeito não ocorre numa ordem ôntica, mas somente acontece na enunciação, tal como – não poderia ser de outra forma – seu objeto que, como poderia ser "seu" senão apenas no ato de enlace e captura, fabricação se quiser, que articula a coisa ao discurso.

"Sou onde não penso" faz contraponto com o apotegma cartesiano "Penso logo existo", contraponto que cessa de ser oposto no instante em que se concebe o pensar como campo da palavra e não – como o positivismo prefere – como pura representação representacional do objeto previamente existente. Já Freud tinha antecipado a objeção a Descartes quando na sua carta 52 a Fliess (1895) define a determinação inconsciente da excitação como ligada – via *vorstellungrepräsentanz* – à palavra como representante não representacional do objeto.

Tais são os motivos pelos quais na práxis psicanalítica lacaniana o objeto é em falta, as sessões não concluem, mas se cortam, e o significante não significa absolutamente nada.

Também é por isso que podemos dizer – apesar de seu esforço para se manter no terreno da interrogação – que "Freud explica", mas fica absolutamente absurdo atribuir qualquer virtude explicativa a uma obra, como a de Lacan, que dedicou sua vida a desvendar como se enuncia o que não se explica.

Que Lacan diga que "a mulher não existe" de modo algum corresponde a seu desejo, e muito menos a qualquer ilegitimidade ôntica do sexo feminino. Muito pelo contrário, rodeado de mulheres psicanalistas de grande talento, inspirado na reivindicação freudiana do direito da mulher ao gozo, tomado pelo drama histérico-paranoico de sua paciente Aimeé (a quem assistia em sessões todos os dias da semana), alinhado no campo de batalha de oposição à moral vitoriana e de resistência a qualquer tese de constituição biológica desabonadora da condição feminina ou de qualquer consideração racista ou discriminatória de gênero, fica claro que tal apotegma aponta a uma denúncia manifesta de forma lata e enérgica contra a resistência do Discurso a dar a palavra à mulher. Se ficarem dúvidas sobre estas afirmações aí está sua simples enunciação do problema do gênero em seu seminário 23 (*Le Sinthome*):

> "A mulher é para o homem um sintoma.
> O homem é para a mulher uma tragédia"

A reformulação lacaniana de neutralidade do analista

O Discurso, seja por sua ferocidade ou covardia, seja por sua debilidade ou excesso, por totalitário ou claudicante, coerente ou falho, funciona como imperativo ao analisante esgrimindo como arma a tirania do significante. Dalí tira suas duas caras a transferência: uma como suposta aliança do analista na resistência contra o Discurso, outra como um suposto existir de um saber qual a mais habilidosa manha para gozar. A primeira cara é a do amor de transferência (desdobrada por Freud), a segunda cara é a do sujeito suposto saber (o saber do inconsciente). A primeira é a da parcialidade do analista a favor de seu analisante; nisso sua neutralidade consiste em resistir a esse amor, mas, paradoxalmente, para ser resistido esse amor tem que existir. A segunda é a de um suposto de lógica a neutral: "o inconsciente está estruturado como uma linguagem", o que implica que a verdade que ele carrega se desvenda decifrando o código recalcado com que ela se escreveu.

O analisante resiste ao Discurso em defesa de seu gozo e supõe o Discurso Analítico como aliado à sua causa resistencial sendo, então, nesse equívoco que repousa (mas não descansa) a transferência propriamente psicanalítica. O mesmo lugar do surgimento e desdobramento da resistência tanto como própria do processo analítico quanto a resistência à psicanálise em tanto que quarto discurso.

Eis aí que surge a resistência à análise, o sujeito analisante produz sintoma para resistir ao discurso e se surpreende de que seu analista se empenhe em atacar seu sintoma mediante a interpretação – É por isso que Lacan parece mais preocupado pela resistência do analista do que com a resistência do paciente:

O paciente chega à análise se queixando do fracasso de seu sintoma, e durante o processo de análise a interpretação (tanto a que provém do paciente se escutar quanto a que é desfechada pelo analista) tenta dissolver os alicerces do sintoma e provocar sua queda; enquanto a demanda do paciente desde sua formulação inicial (queixa pelo fracasso do sintoma – seja que sua função fracassou, ou bem seja que ele mesmo carregue o fracasso na sua estrutura pela via da identificação ao eu do discurso (frequentemente confundido com a identificação ao analista).

Dali que no seminário 23 Lacan desdobre o sintoma em *Symptôme* e *Sinthome* destacando sua diferente posição na estrutura do sujeito e também na sua função (funções contrárias entre si).

De fato a Demanda inicial aponta para receber do analista a fórmula ou complemento que permita ao paciente aperfeiçoar seu sintoma para efetuar sua migração do fracasso ao sucesso na sua missão de resistir ao discurso (Outro), ou seja, produzir algo novo. Eis aí que a direção da cura se bifurca: ou aponta para a resignação perante o que de falta irredutível carrega o pequeno "*a*", (a depressão Kleiniana, com a sua versão de fracasso da totalização do objeto), ou a invenção de um i(a) (objeto imaginário) que demande um significante novo, demanda à qual o discurso poderá ou não recusar ou reprimir de acordo à circunstância histórica e – hoje é especialmente necessário levar-se em conta – qual psicologia das massas (fenômeno de grupo) a cada momento prevalece.

Quando em Caracas, dia 12 de julho de 1980, Lacan interroga seus leitores sul-americanos acerca do efeito que poderia ter sua letra naqueles que, por distância geográfica, não padecem o obstáculo que a presença de sua pessoa poderia causar, por rara vez pecou de otimista.

Os psicanalistas não cessam de se confrontarem em aguerridas disputas acerca do que quis dizer Lacan. Curioso sintoma de demanda de que o morto se identifique conosco dando por suposto que tal identificação seria garantia de verdade. Nada mais distante dos ensinamentos de Lacan.

Deles podemos deduzir facilmente que o modo mais obscuro de interrogar um texto é se perguntar o que o seu autor quis dizer. E, se por acréscimo ele estiver morto, tal insistência não pode ter outro destino senão o de um sintoma necrófilo consistente em escarvar entre letra e letra o que o morto levou consigo escondido nas entrelinhas de seu cadáver. Fazer o morto é o que Lacan aconselha para o analista ocupar sua posição na transferência. Mas se trata precisamente de permitir sua livre errância. Ou seja, suportar as consequências do texto que ali se desfecha sobre o sujeito em questão. Sujeito que, como sabemos, a orelha do psicanalista – por mais morta que ela esteja – não deixa de suportar aquém de qualquer perfeita transparência.

Mas, se tratando da psicose, nos confrontamos, em "De uma condição preliminar a todo tratamento possível de uma psicose", com a necessária descoberta do ponto de pivô da livre errância delirante para que ele possa fazer suplência do Nome-do-Pai foracluído. E, se for necessário, o analista, ele mesmo, desempenhar tal suplência numa oscilação entre o imaginário e o simbólico para permitir a queda do real. O problema que, a cada passo, o psicanalista precisa resolver quando se precipita a transferência capturando-o num circuito delirante (de Charcot a Jung, passando por Lou Andreas Salomé) é que, no delírio, sua posição não pode ser de "morto" – como ocorre na neurose- mas, no balançar entre o simbólico e o imaginário, na medida em que no momento psicótico o pêndulo fica preso no registro imaginário (delírio- alucinação) que, ganha, então, uma extensão indeterminada e resistente ao corte operado pela palavra ou, no outro extremo, o da ausência, lança o sujeito no real, ou seja, na tragédia[9].

---

[9]Veja-se especialmente o esquema R em LACAN, J. (1958) De uma questão preliminar a todo tratamento possível da psicose. In: LACAN, J. (1966) *Escritos*. Rio de Janeiro: Jorge Zahar Ed., 1998, p. 258, tradução modificada pelo autor. "No ponto onde [...] e chamado o NOME DO PAI podemos responder no OUTRO um puro e simples buraco [...] está claro que trata-se aqui de uma desordem provocada na articulação mais intima do sentimento da vida no sujeito [...] Trata-se do fracasso da "relação do pai com essa lei [...] já que encontrar-se nisso a razão desse paradoxo pelo qual os efeitos devastadores da figura paterna observa com particular frequência nos casos em que o pai têm realmente a função de legislador ou

Dito de algum modo (e não somente de outro modo), somos lançados de um extremo a outro dos registros em tantos analistas que vão da transferência neurótica à transferência psicótica, passando inevitavelmente pela região da borda.

"Quando falo, falo para psicanalistas" é o que ele diz esperando não falar com as paredes. Ou seja, que seu texto cause desejo, mas não prometa sua realização.

Eis aí que se situa o texto de Lacan. E eis aí que o deixamos fazer seu trabalho em nós. Suportando suas consequências. O que equivale a resistir a qualquer tentação de reduzi-lo a um dicionário.

A queixa mais frequente daqueles que se arriscam à leitura de Lacan consiste em que não há ordem nem sequência que ofereça garantia de tornar o texto mais claro. O leitor lançado no *looping* do *après-coup* fica capturado a desvendar a lógica que torne então possível a montagem de um quebra cabeça que somente se aplica a cada vez que cada um dos significantes tropeça com a singular interseção entre a cadeia significante e o discurso singular de um sujeito. *Einziger-Zug* (traço unário, único e irrepetível) que articula o texto psicanalítico de Lacan quebra cabeça *ad hoc*. Tal a razão de termos convidado vocês a colocar em ato de interpretação conceitos fundamentais de Lacan lançando à sorte o destino de cada letra em cada leitor.

---

bem ele mesmo se atribui, seja como sustento da fé como modelo acabado da integridade e da devoção, como virtuoso ou pecador, como servidor de uma obra de salvação, trata-se de qualquer objeto ou falta de objeto, de nação ou de natalidade, de salvaguarda ou de salubridade, delegado ou de legalidade, do puro, das objeções ou dos impérios, todos eles ideais que demasiadamente lhe oferecem se encontrar em posição de defeito ou déficit, até mesmo de fraude o que quer dizer simplesmente a posição do nome do pai no significante."

SOBRE OS AUTORES

Alfredo Jerusalinsky é psicanalista, membro da Association Lacaniènne Internationale, psicólogo, especialista em Psicologia Clínica, mestre em Psicologia Clínica, doutor em Psicologia da Educação e Desenvolvimento Humano. Também é presidente honorário da Fundación para El Estudio de los Problemas de La Infancia (FEPI) da República Argentina e supervisor clínico do Centro de Clínica Interdisciplinar da Infância e Adolescência "Centro Dra. Lydia Coriat" (Buenos Aires), supervisor clínico e assessor de pesquisa do "Instituto Primeira Infância do Desenvolvimento e da Desnutrição Infantil" (IPREDE – Ceará). Além de membro honorário da "Rede Internacional de Investigadores sobre Integración y Educación Inclusiva"e pesquisador (CNPq) da Construção do Instrumento IRDI e AP3.

Carlos Parada é médico pela Unifesp, com residência em psiquiatria em Paris, França, onde mora desde 1987. Trabalhou junto a Jean Oury na Clínica de La Borde. Também trabalhou como psiquiatra, sendo assistente de Olievenstein no Centre Médical Marmottan durante o período de 1990-2000 e no Centre Primo Levi. Possui diversas colaborações com Médecin du Monde (Marrocos, Sri Lanka, Argélia etc). Possui também um diploma de Estudos Aprofundados (DEA) em História. Por dez anos dirigiu um centro de consultas ambulatoriais para crianças em Paris. Atualmente, é psiquiatra responsável de um Hospital Dia-Escola para crianças com distúrbios mentais graves na região parisiense. Coautor do livro *Como um anjo canibal* (Loyola, 2016), com Claude Olievenstein autor de *Toucher le cerveau, changer l'esprit, psychochirurgie et psychotropes dans l'histoire des transformations technologiques du sujet* (*Tocar o cérebro, mudar o espírito, psicocirurgia e psicotrópicos na história das transformações tecnológicas do sujeito*) editora PUF, 2017 e de inúmeras conferências e artigos publicados (cf "Le Sujet décomposé", *Revue Espirit*, julho 2018).

Christian Ingo Lenz Dunker é psicanalista, professor livre-docente do Instituto de Psicologia da Universidade de São Paulo (USP), no departamento de Psicologia Clínica e fundador do Laboratório de Teoria Social, Filosofia e Psicanálise da mesma universidade. É autor de diversos artigos e livros, e em 2012 recebeu o prêmio Jabuti de melhor livro na categoria Psicologia e Psicanálise pela publicação ampliada de sua tese de livre docência *Estrutura e Constituição da Clínica Psicanalítica* pela Annablume, e em 2016 de segundo melhor livro em Psicologia, Psicanálise e Comportamento com *Mal-estar, Sofrimento e Sintoma – uma Psicopatologia do Brasil Entre Muros* pela Boitempo Editorial.

Dayse Stoklos Malucelli é psicanalista, Doutora em Psicologia Clínica pela PUC-SP, fundadora e membro da Associação Psicanalítica de Curitiba, membro da Association Lacanienne Internationale (Paris), membro da AUPPF – Associação Universitária de Pesquisa em

Psicopatologia Fundamental, pesquisadora do Laboratório de Psicopatologia Fundamental da UFPR e organizadora do livro *Os psiquiatras do século XIX: suas contribuições na clínica psicanalítica da atualidade* (CRV, 2016).

Leda Mariza Fischer Bernardino é psicanalista, analista membro da Associação Psicanalítica de Curitiba, doutora em Psicologia Escolar e Desenvolvimento Humano pelo IPUSP, com pós-doutorado em Tratamento e Prevenção Psicológica pela Université Paris 7. Ademais é autora do livro *As psicoses não decididas da infância: um estudo psicanalítico*. É, também, pesquisadora FAPESP. Atualmente exerce prática clínica na cidade de São Paulo.

Maria Virginia Filomena Cremasco é psicóloga, psicanalista, doutora em Saúde Mental pela UNICAMP (2002). Fez seu pós-doutorado em Psychopathologie et Psychanalyse na Université Paris VII (2010). É professora associada do departamento e mestrado em Psicologia da Universidade Federal do Paraná (UFPR), diretora do Laboratório de Psicopatologia Fundamental (UFPR) e membro da Associação Universitária de Pesquisa em Psicopatologia Fundamental (AUPPF).

Oscar Cesarotto é psicanalista, doutor em Comunicação & Semiótica. Atualmente, exerce a prática clínica, é professor da PUC-SP no Programa de Estudos Pós-Graduados em comunicação & Semiótica, e coordenador do curso de especialização Semiótica Psicanalítica – Clínica da cultura (COGEAE). Autor de vários livros, destacando *Inconsciências* (Iluminuras, 2018).

Pedro Paulo Rocha é transcineasta, performer, diretor e criador do Teatro Hacker, além de poeta, compositor, montador, artista visual, ativista e esquizo-analista. O artista também vem realizando trabalhos com esquizo-análise e performance. Sua obra é um labirinto vivo entre mistura de linguagens e atos performáticos, em constante fluxo nas redes sociais e no território urbano: da cidade à tela, do korpo à máquina, do pixo ao glitch, do cinema ao transcinemas, do teatro à performance, da arte à política, da análise à trans-análise, seus trabalhos são vivos, em constante transformação e tradução de linguagens.

Ricardo Goldenberg mora e pratica a psicanálise em São Paulo. É licenciado em Psicologia pela Universidad de Buenos Aires, mestre em filosofia pela USP, doutor em Comunicação e Semiótica pela PUC-SP, autor, entre outros, dos livros *Ensaio sobre a moral de Freud* (Ágalma, 1994); *No círculo cínico ou "Caro Lacan, por que negar a psicanálise aos canalhas?"* (Relume-Dumará, 2002); *Política e psicanálise* (Jorge Zahar, 2006); *Psicologia das massas e análise do eu: solidão e multidão* (Record, 2015). E pelo Instituto Langage, *Do amor louco e outro amores (2103)* e *Desler Lacan (2018).*

Rosangela Vernizi é psicanalista, psicóloga e mestre em Letras – Estudos Literários pela Universidade Federal do Paraná (UFPR). É também analista membro da Associação Psicanalítica de Curitiba, pesquisadora do Laboratório de Psicopatologia Fundamental da UFPR, professora – supervisora clínica na Pós-graduação em Psicologia Clínica – Psicanálise na Universidade Tuiuti do Paraná (UTP), professora da pós-graduação em Clínica Psicanalítica na Faculdade Guilherme Guimbala (ACE-Joinville) e organizadora do livro *Os psiquiatras do século XIX: suas contribuições na clínica psicanalítica da atualidade* (CRV, 2016).

Este livro foi impresso em 2019
pela Gráfica Assahi para Aller Editora.
A fonte usada no miolo é Chaparral corpo 11,5.
O papel do miolo é avena 80g/m².